Das Problem Des Absoluten Raumes Und Seine Beziehung Zum Allgemeinen Raumproblem

Aloys Müller

Nabu Public Domain Reprints:

You are holding a reproduction of an original work published before 1923 that is in the public domain in the United States of America, and possibly other countries. You may freely copy and distribute this work as no entity (individual or corporate) has a copyright on the body of the work. This book may contain prior copyright references, and library stamps (as most of these works were scanned from library copies). These have been scanned and retained as part of the historical artifact.

This book may have occasional imperfections such as missing or blurred pages, poor pictures, errant marks, etc. that were either part of the original artifact, or were introduced by the scanning process. We believe this work is culturally important, and despite the imperfections, have elected to bring it back into print as part of our continuing commitment to the preservation of printed works worldwide. We appreciate your understanding of the imperfections in the preservation process, and hope you enjoy this valuable book.

DIE WISSENSCHAFT

SAMMLUNG
NATURWISSENSCHAFTLICHER UND MATHEMATISCHER
MONOGRAPHIEN

NEUNUNDDREISSIGSTES HEFT

DAS PROBLEM DES ABSOLUTEN RAUMES UND SEINE BEZIEHUNG ZUM ALLGEMEINEN RAUMPROBLEM

VON

ALOYS MÜLLER

BRAUNSCHWEIG
DRUCK UND VERLAG VON FRIEDR. VIEWEG & SOHN
1911

DAS
PROBLEM DES ABSOLUTEN RAUMES UND SEINE BEZIEHUNG ZUM ALLGEMEINEN RAUMPROBLEM

VON

ALOYS MÜLLER

BRAUNSCHWEIG
DRUCK UND VERLAG VON FRIEDR. VIEWEG & SOHN
1911

Alle Rechte,
namentlich dasjenige der Übersetzung in fremde Sprachen, vorbehalten.

Copyright, 1911, by Friedr. Vieweg & Sohn,
Braunschweig, Germany.

VORWORT.

Es hat wohl selten, seitdem die Naturwissenschaft durch Galilei zu einer Wissenschaft wurde, an Versuchen ihrer philosophischen Durchdringung gefehlt. Die heutige Zeit unterscheidet sich von der früheren nur dadurch, daß zahlreiche Motive in der Naturwissenschaft selber die Einseitigkeit des ausschließlichen Fachinteresses überwunden und das Gefühl für eine gewisse Notwendigkeit der philosophischen Bearbeitung ihrer Grundlagen geweckt haben. Dieser Tendenz will die vorliegende Schrift mit der Beschränkung auf einen bestimmten Punkt entgegenkommen.

Man darf deshalb nichts in ihr suchen, was sie nicht geben will. Sie bietet dem Physiker und Mathematiker nichts Physikalisches und Mathematisches, sondern versucht zunächst die logische Struktur der physikalisch-mathematischen Begriffsbildungen aufzuzeigen, die sich heute um den Begriff des Inertialsystems gruppieren. Sie hatte sich dabei im ersten Entwurf die bescheidenere Aufgabe gestellt, Recht und Unrecht in den Diskussionen über relative und absolute Bewegung zu scheiden. Aber im Laufe der Untersuchungen folgte aus dem Resultat, daß die absolute Bewegung ein Grenzfall der Relativbewegung ist, die Notwendigkeit einer Einstellung der anfänglichen Ergebnisse in den viel umfassenderen Kreis des allgemeinem Raumproblems. So hat sich das Ganze denn zu einer vollständigen Theorie des absoluten Raumes ausgewachsen, innerhalb der man nur zu Anfang etwas von dem ursprünglichen Plane spürt.

Das Thema bringt es mit sich, daß die Schrift auf jeder der Seiten, an die sie sich wendet, einige Kenntnis der Wissenschaft der anderen Seite voraussetzt. Was sie aber vor allem anzutreffen hofft, ist ein guter Wille: das heißt bei den Physikern und Mathematikern die Achtung vor den logischen Bedürfnissen und allgemeineren Problemstellungen der Philosophie, bei den Philosophen das Verständnis für den Charakter des Denkens in Physik und Mathematik. Wer die Fragen nicht sieht, die die Schrift sich stellt, dem gibt sie natürlich auch keine Antwort.

Eigentümliche Erfahrungen, die einige Gedankengänge der Schrift machen mußten, bestimmen mich indes, außer dem allgemeinen Wunsche nach gegenseitiger Einfühlung noch einige besondere Bitten an die Leser und Kritiker beider Seiten mit nachdrücklicher Betonung voranzustellen.

Zunächst ist es für jeden gut und für viele unumgänglich notwendig, sich von vornherein über den Gang und die Hauptresultate der Überlegungen dadurch zu orientieren, daß sie nach der Einleitung zuerst den Schluß lesen. Zweitens bitte ich um ein besonders sorgfältiges Studium. Ich habe mich bemüht, keinen überflüssigen Satz zu schreiben, und so ist ein ungeheurer Stoff auf einen verhältnismäßig kleinen Raum zusammengedrängt. Endlich drittens möge man bei jeder Untersuchung, ob man zustimmt oder nicht, den Standpunkt im Auge behalten, von dem aus sie angestellt ist. Ist ein Standpunkt einmal generell für einen bestimmten Abschnitt festgelegt, so konnte doch nicht bei jeder einzelnen Überlegung immer wieder darauf aufmerksam gemacht werden.

Kommt man diesen Bitten nach, so wird man hoffentlich keine Widersprüche und Unklarheiten dort finden, wo nur ein Fortgang des Denkens vom Einfachen zum Komplizierten, vom Vorläufigen zum Endgültigen, von Gegensätzen zu ihrer Harmonisierung, von enger begrenzten zu weiter begrenzten Problemen gegeben ist.

Der Anhang enthält einige Ergänzungen, die bei der Einfügung in den Text den Zusammenhang zu sehr gestört haben würden.

Die Literaturangaben können nicht vollständig sein, weil die Schrift keine Zusammenstellung der bisherigen Diskussionen geben, sondern eine selbständige harmonisierende und weiterführende Arbeit leisten will. Sie bezeichnen darum durchschnittlich nur, was mir irgendwie positiv oder negativ wertvoll gewesen ist. Dazu merken sie einige Übereinstimmungen an, aber nicht alle; daß z. B. die im zweiten Kapitel des zweiten Teiles entwickelte Raumtheorie teilweise mit Gedanken von Lotze, Spencer, Helmholtz, Liebmann u. a. mehr oder weniger nahe verwandt ist, weiß ich sehr wohl. Immerhin scheint mir die zitierte Literatur unseres speziellen Problems nicht nur für mich die wertvollste zu sein.

Ich füge noch an, daß die Schrift in der vorliegenden Gestalt — einige Anmerkungen und kurze Änderungen im dritten Teil ausgenommen — bereits 1909 vollendet war.

Den Herren Professoren (in Bonn) Bucherer, Dyroff, Hausdorff, Kayser und Külpe sei für die liebenswürdige Geduld, mit der sie zahlreiche Stellen des Buches zu besprechen bereit waren, auch an dieser Stelle herzlicher Dank gesagt.

Köln, im Mai 1911.

Aloys Müller.

INHALTSVERZEICHNIS.

	Seite
Vorwort	V
Inhaltsverzeichnis	VIII

Einleitung 1
    Konstruktion des erkenntnistheoretisch neutralen Weltbildes.

Erster Teil.
Logisch-physikalische Theorie des absoluten Raumes.

I. Das phoronomische Weltbild 5
    Definition dieses Weltbildes und der Begriffe absolut und relativ. Phoronomisches Relativitätsprinzip. Absolute Bewegung für die Mechanik unbrauchbar. Weitergehende positivistische Ansichten. Stellung des phoronomischen Bildes zum Begriff des absoluten Raumes.

II. Die Dynamik des phoronomischen Weltbildes 12
    Unbestimmtheit dynamischer Grundbegriffe innerhalb des phoronomischen Bildes; Äquivalenz der geometrischen und dynamischen Beziehungen.

III. Die Versuche zur Konstruktion des dynamischen Weltbildes: Der erste Weg 14
    Zwei Wege möglich. Mach als Typus des ersten Weges. Die drei Nuancen, die Mach ihm gegeben hat, sind teils nur vorläufig brauchbar, teils überhaupt unannehmbar.

IV. Die Versuche zur Konstruktion des dynamischen Weltbildes: Der zweite Weg 19
    Die beste Durchführung von L. Lange. Definition der gleichen Zeitintervalle nach Neumann. Definition des Inertialsystems; notwendige Bestandteile des Begriffsinhaltes. Tatsächliche Festlegung des Inertialsystems nicht streng möglich.

V. Inertialsystem und absoluter Raum 24
    Ideales Inertialsystem 1. ohne unmittelbaren Zusammenhang mit dem tatsächlichen Inertialsystem; 2. von demselben Realitätscharakter wie die Raummomente

der Körper, — Begriff des Neumannschen Körpers gegen Einwände verteidigt, aber nicht in dem Neumannschen Sinne brauchbar —; 3. deshalb identisch mit dem Begriffe des absoluten Raumes.

VI. Logik des absoluten Raumes 36

Unterscheidung des phoronomisch-dynamischen vom physikalischen Begriff des absoluten Raumes. Absolute Bewegung Grenzfall der Relativbewegung. Eigentümlicher Charakter der Transzendenz des absoluten Raumes. Verwechslung von „absolut" mit „objektiv" und anderen Begriffen. Begriff des starren Raumes. Das relativistische Bild als notwendige Konsequenz des absolutistischen.

VII. Das Trägheitsprinzip und die Trägheitswirkungen . 49

Scheidung in phoronomisch-dynamische und physikalische Fassung des Trägheitsprinzips. Verhältnis zu den beiden Begriffen des absoluten Raumes. Trägheitsprinzip in relativer Fassung. Der absolute Charakter der Rotation. — Trägheitsprinzipien in anderer Form. Begriff der Ordnung der Relativsysteme.

Zweiter Teil.
Philosophische Theorie des absoluten Raumes.

I. Die allgemein-logische Begründung des absoluten Raumes 56

Definition der Realität der Relativbewegung. Unaufteilbarkeit der realen Distanzänderung. Prinzip der konkreten Bestimmtheit als Konsequenz aus dem Identitätsprinzip. Absolute Aufteilung als logisch gefordert von dem Prinzip der konkreten Bestimmtheit; nur das Dynamische teilweise willkürlich. — Gleichwirklichkeit des ptolemäischen und des kopernikanischen Weltsystems. — Kritik der Versuche von Heymans und Höfler.

II. Metaphysik des absoluten Raumes 67

Kurze Begründung des idealrealistischen erkenntnistheoretischen Standpunktes durch Kritik des Idealismus und des Gegebenheitsstandpunktes. Objektives und subjektives a priori. Empirismus und Nativismus. Unabhängigkeit des Raumes von den Dingen. Der Raum als etwas objektiv für sich Bestehendes. Harmonisierung der Begriffe des apriorischen und objektiven Raumes. Abhängigkeit der Körper vom Raum. Metaphysischer Begriff des absoluten Raumes. Absolute Zeit. Vergleich mit den Newtonschen Begriffen. Eine merkwürdige Eigenschaft des absoluten Raumes und der absoluten Zeit. Der Raum als Substanz.

	Seite

III. Die Grundlagen der Metaphysik des absoluten Raumes in der modernen Physik 90

Verhältnis der physikalischen Grundlagen zu den metaphysischen Untersuchungen. Prinzip der Konstanz der Masse in dem bisherigen Sinne falsch. Elektron. Elektromagnetisches Weltbild. Absolute Ruhe des Äthers. Charakter der Ätherhypothese. Ersetzung des Äthers durch den Raum. Zeitlich sich fortpflanzende Fernkräfte. Fernwirkungstheorie und phänomenologischer Standpunkt. Ersatz des Äthers nötig. — Einsteinsches Prinzip — ein Rechnungsprinzip. — Das physikalische Weltbild an und für sich metaphysisch vieldeutig und ein Bild der phänomenalen Welt. — Konsequenzen aus den physikalischen Darlegungen.

Dritter Teil.

Die nichteuklidischen Geometrien und der absolute Raum . 121

Mehrdimensionale Geometrien. Der Raum hat keine Dimensionen. Begriff der nichteuklidischen Räume. Verhältnis des Erfahrungsraumes zum euklidischen und nichteuklidischen Charakter. Die nichteuklidischen Räume absolute Räume. Begriff der Absolutheit der Größe im nichteuklidischen Raum. Gründe gegen die tatsächliche Existenz eines nichteuklidischen Raumes nicht stichhaltig. Die tatsächliche Existenz eines nichteuklidischen Raumes mit variablem Krümmungsmaß als Element in unserem Weltbild. — Schematische Übersicht über die Raumtheorie.

Schluß 134

Zusammenfassung des Ganges und der Resultate.

Anhang: I. Über die Kantsche Raumtheorie 136

II. Über Wirklichkeitstreue und Wahrheit der physikalischen Erkenntnis 141

III. Heymans' Theorie des Mechanismus 144

Verzeichnis der zitierten Literatur 152

Einleitung.

1. Der Grund, warum die Philosophen und die Naturwissenschaftler nicht zusammenkommen können, liegt mitunter weniger in einem aus dem Wesen der wissenschaftlichen Methoden und Ziele sich ergebenden inneren Gegensatze, sondern mehr an einer Verschiedenheit der Formulierung. Der Begriff des absoluten Raumes, eingefügt in das naturwissenschaftliche Weltbild, müßte notwendig eine andere Formulierung und Nuancierung erhalten, als sie in einem philosophischen Weltbild möglich und nützlich wären; ähnlich wie etwa eine Farbe je nach Komposition mit anderen Farben diese oder jene Nuance besitzt. Nun sehen wir in der Behandlung des Problems des absoluten Raumes eine Menge sich antithetisch gegenüberstehender Ansichten vor uns. Eingedenk des Umstandes, daß die Philosophie im Fortgang ihrer Entwickelung die Gegensätze fast immer synthetisch überwand, wollen wir darum in dieser Studie versuchen, ob sich nicht die Antithesen bei unserem Problem von jenem vorhin angedeuteten Gesichtspunkte aus begreifen lassen, ob also nicht wieder die Weisheit jenes alten Spruches die rechte ist: Nicht entweder = oder, sondern sowohl = als auch.

Da der Begriff des absoluten Raumes innerhalb des philosophischen Weltbildes mit erkenntnistheoretischen und metaphysischen Gedanken verwachsen ist, die dem naturwissenschaftlichen Denken — ob mit Recht oder Unrecht, bleibt vorläufig dahingestellt — als unwissenschaftlich erscheinen und die in der Tat, wie später deutlich wird, geeignet sind, das Problem zu verwirren, wird es vorteilhaft sein, uns einstweilen von allen erkenntnistheoretischen Rücksichten auf die Frage nach dem Realitätscharakter[1]) der uns gegebenen Wirklichkeiten frei zu machen.

---

[1]) Zur Terminologie ist folgendes zu beachten. Alles Seiende, gleichgültig als was es existiert, nennen wir eine Realität; eine geträumte

2. Wir suchen deshalb einen Standpunkt, der von jeder speziellen erkenntnistheoretischen Wendung des Subjekt-Objekt-Problems unabhängig ist.

Es ist eine psychologische Tatsache, daß von vornherein bei den psychischen Erfahrungen ein Gegensatz des Innen- und Außenseins gegeben ist, wo zu dem Außenseienden auch unser Körper gehört. Dafür zeugen die Erfahrungen der Kinder- und der Tierpsychologie und der Psychologie überhaupt, die kein einziges Stadium der bewußten Entwickelung aufzeigen oder auch nur wahrscheinlich machen können, das einer räumlichen Anordnung der Gegenstände entbehrt, mag auch vielleicht dieser räumlichen Anordnung die Tiefendimension ursprünglich fehlen, mag überhaupt die Sicherheit der Orientierung auf der primitivsten Stufe stehen. Das Kind verlangt nach dem Monde, es würde nicht danach verlangen, wenn es nicht das Bewußtsein des Außenseins eines Gegenstandes besäße. Die kaum geborenen oder dem Ei entschlüpften Tiere zeigen ein fast vollkommen ausgebildetes Orientierungsvermögen. Die klinischen Erfahrungen bei der Operation von Blindgeborenen weisen auf das gleiche hin; die Gegenstände scheinen die Augen des Operierten zu berühren; wenn er sie aber nicht als außenseiende wahrnähme, brauchte er

---

Reise ist danach so gut eine Realität wie eine wirkliche Reise. Die Art und Weise, die Form, Sphäre, Ordnung der Existenz, oder wie man es sonst bezeichnen will, nennen wir im allgemeinen die Realitätsstufe oder den Realitätscharakter. So haben beispielsweise Materielles und Psychisches vom realistischen Standpunkte aus verschiedene Realitätsstufen, die aber wieder verschieden sind von den Realitätsstufen, die dieser Gegensatz auf anderen erkenntnistheoretischen Standpunkten besitzen kann. Wir gebrauchen die Begriffe „Stufe" und „Charakter" 1. relativ und 2. nicht normativ. Relativ: sie besagen nichts über die von einem bestimmten erkenntnistheoretischen Standpunkte aus absolute Stufe, sondern vergleichen bloß; sie sprechen die Verschiedenheit oder Gleichheit von Seinsformen aus, ohne dadurch schon die Realitätsstufe der Form festzusetzen; erst wenn diese Festsetzung unabhängig gemacht ist, ergibt sich aus der Vergleichung der absolute Wert. Nicht normativ: eine andere Stufe bedeutet keine niedere oder höhere Stufe.

In einem Falle, nämlich im ersten Kapitel des zweiten Teiles, schränken wir, um keine neuen Worte bilden zu müssen, den Begriff „real" auf eine bestimmte Klasse von Realitäten ein; da diese Klasse sich aber eindeutig definieren läßt und die andere von der Betrachtung vollständig ausgeschlossen ist, kann keine Verwechslung vorkommen.

die Hände nicht zum Schutze vor die Augen zu halten. Die Psychologie sieht sich heute sogar, wenn sie die Genesis der Raumvorstellung in ihren tiefsten Wurzeln aufdecken will, genötigt, irgend ein räumliches Moment auch nur der allerprimitivsten und wenig ausgebildetsten Form als in der Empfindung ursprünglich vorhanden anzunehmen. Aber selbst wenn wir diese umstrittene Frage nach dem psychologischen Ursprung der Raumvorstellung beiseite lassen, so ist doch das eine unbestreitbar, daß uns im bewußten Leben ein ursprünglicher Gegensatz des Innen und Außen gegeben ist; wir stellen ihn wissentlich weder her, noch können wir ihn auf irgend eine Weise wegschaffen, er existiert einfach mit psychischer Notwendigkeit. Worauf diese psychische Notwendigkeit letzten Endes beruht, ist eine Frage für sich, die uns hier so wenig kümmert, wie die Entwickelung jenes Gegensatzes im Unbewußten. Was das Innenseiende und das Außenseiende im Grunde sind, ob beides nur eines, ob beides verschieden, in welchem Sinne eines und in welchem Sinne verschieden, ist wieder eine andere Frage, die uns hier gleichgültig sein kann. Wir stehen auf dem Boden der psychologischen Tatsache jenes Gegebenseins. Damit sind wir von jeder metaphysischen Deutung der gegebenen Gegenstände unabhängig, wir haben den erkenntnistheoretisch neutralen Standpunkt gewonnen, der uns über den Streit der Parteien erhebt.

Der Inhalt des erkenntnistheoretisch neutralen Bildes läßt sich auf eine andere Weise ohne Schwierigkeit genauer präzisieren. Wenn man von den verschiedenen erkenntnistheoretischen Standpunkten alles abstreift, wodurch sie sich unterscheiden, und das übrig behält, was allen gemeinsam ist, so stellt dieses letztere das erkenntnistheoretisch neutrale Bild dar. Der neutrale Standpunkt faßt die Welt so, wie sie erscheint, wie sie sich dem normalen Bewußtsein jedes Menschen darbietet, er faßt die Wirklichkeit, wie sie jedem unmittelbar gegeben ist, — unterlegt aber keine metaphysische Deutung, wie es z. B. das praktische, nicht reflektierende Leben ohne weiteres tut. Diese Erscheinungswelt — das Wort ist also hier nicht im Kantschen Sinne verstanden — ist dieselbe für Idealisten und Realisten und Erkenntnistheoretiker jeder Schattierung, sie ist das Rohmaterial für die logische bewußte oder auch unbewußte Bearbeitung, sie ist das Gegebene, das als einzige Bestimmung die hat, keine Bestimmung zu haben, sondern einfach *gegeben* zu sein. Das erkenntnistheoretisch neutrale Bild ist die Wirklichkeit, wie sie dem normalen Bewußtsein gegeben ist, ohne jede bewußte oder unbewußte (vererbte) Denkzutat. Dieses Bild ist natürlich nur eine nachträgliche Rekonstruktion, die sich in der Wirklichkeit des individuellen Bewußtseins so wenig entdecken läßt, wie man eine Bewegung ohne Richtung finden kann; es ist gleichsam eine Größe, von der die tatsächlichen — wissenschaftlichen, vor- und unwissenschaftlichen — Weltbilder Funktionen darstellen. Die Konstruktion ist aber berechtigt, weil sie, wie wir sahen, auf psychologischen Tatsachen und auf der kaum zu bezweifelnden Wahrheit beruht, daß das Erkennen, d. h. das Bestimmen, etwas zu Bestimmendes voraussetzt.

Von dem erkenntnistheoretisch neutralen Standpunkte aus können Physik und Psychologie arbeiten, ohne sich um das erkenntnistheoretische Subjekt-Objekt-Problem zu kümmern. Dabei bleibt gewiß die Behauptung, daß beide Wissenschaften dort, wo sie in Grund- und Grenzfragen an die Philosophie rühren, um eine erkenntnistheoretische Stellungnahme nicht mehr herumkommen, genau so wahr wie die andere, daß kein Forscher in Wirklichkeit ohne eine solche Stellungnahme arbeitet, mögen ihn nun wissenschaftliche Gründe, das aus dem Charakter der Naturwissenschaft entspringende psychologische Motiv oder die Tradition des gewöhnlichen Lebens zu einer solchen gebracht haben. Haben wir aber in den Tatsachen der Wirklichkeit eine Unterlage dafür, dann ist es ein berechtigtes wissenschaftlich-methodisches Hilfsmittel, solange wir wollen und solange es möglich ist, von einem speziellen erkenntnistheoretischen Standpunkte abzusehen, damit wir auf gemeinsamem Boden denken. Weil die psychologische Grundlage des definierten Standpunktes das Motiv für den reflexionslosen Standpunkt des absoluten Realismus des gewöhnlichen Lebens ist, werden die Ausdrücke eines Forschers, der sich des ersteren aus besonderen Gründen bedient, die des landläufigen Realismus sein und auch ohne Weitläufigkeit nicht gut andere sein können. Wenn wir darum auch in den folgenden Ausführungen scheinbar im Geiste des absoluten Realismus über den Raum, die Körper u. a. sprechen, so sind alle diese Worte doch in jenem naiven Sinne gemeint, der ihnen keine metaphysische

Deutung unterlegt, so daß alle Betrachtungen und Resultate bis zur Formulierung eines bestimmten erkenntnistheoretischen Standpunktes in jede Metaphysik des Subjekt-Objekt-Problems eingefügt werden können.

Erster Teil.
Logisch-physikalische Theorie des absoluten Raumes.

I. Das phoronomische Weltbild.

3. Unter dem phoronomischen[1]) Weltbild ist das Bild verstanden, das die Welt als eine Summe von Punkten und Punktaggregaten faßt, die in völliger gegenseitiger Unabhängigkeit existieren.

Weil nicht nur auf der Widerspruchslosigkeit des phoronomischen Weltbildes die suggestive Kraft des Relativismus (d. h. der Lehre von der ausschließlichen Relativität der Bewegung) beruht, sondern in ihr auch seine ganze Richtigkeit besteht, so kann uns das Weltbild einmal als unbestrittene gemeinsame Grundlage dienen, von der die Betrachtungen ausgehen, und ist es fürs zweite geeignet, den oft übersehenen Wahrheitsgehalt des Relativismus klar zu formulieren und zu begrenzen.

Von den beiden Begriffen der relativen und der absoluten Bewegung[2]), die bei der Betrachtung unseres Bildes die größte Rolle spielen, ist der erstere, der das Bild charakterisiert, durch den ersten der gleich aufzustellenden Sätze definiert. Über den

---

[1]) „Phoronomisch" bedeutet dasselbe, was die Physik heute meist mit „kinematisch" bezeichnet. Ich ziehe in unseren nicht rein physikalischen Überlegungen den ersten Ausdruck nicht nur deshalb vor, weil die Philosophen seit Kant mehr an ihn gewöhnt sind, sondern auch aus den sachlichen Gründen, die Höfler angibt (Studien zur gegenwärtigen Philosophie der Mechanik, S. 19, Anm., Leipzig 1900).

[2]) Als zusammenfassende Arbeit über die Geschichte der Theorien der relativen und absoluten Bewegung kommt außer der bei (18) zitierten Schrift von L. Lange noch die Artikelserie von P. Duhem, Le mouvement absolu et le mouvement relatif (Revue de philosophie 11, Nr. 9, 1907 bis 14, Nr. 5, 1909; auch separat unter demselben Titel, Montligeon 1909) in Betracht.

Begriff der absoluten Bewegung müssen wir eine Festsetzung treffen, die uns gestattet, in eindeutiger Weise zwischen den hier in Frage kommenden Meinungen zu scheiden, und die vom erkenntnistheoretisch neutralen Standpunkte aus als Definition gelten muß: Wir bezeichnen denjenigen als Absolutisten, der behauptet, ein Körper könne auch dann Bewegung oder Ruhe besitzen, wenn er in keinem geometrischen oder physikalischen Zusammenhange mit anderen Körpern des Weltalls stehe; demgemäß nennen wir den Raum[1]) dann absolut, wenn er einem derartigen isolierten Körper Bewegung oder Ruhe zuzuschreiben erlaubt.

4. Wir stellen nun über das phoronomische Weltbild drei Sätze auf, die, wie nochmals ausdrücklich betont werden mag, nur phoronomisch zu verstehen sind.

Erster Satz: Wir können nur relative Bewegung messen. Oder anders ausgedrückt: Jede Bewegung ist definiert durch ihren Bezugskörper, wobei natürlich das Wort Körper im allgemeinsten Sinne zu nehmen ist, also auch ein ideales Koordinatensystem symbolisieren kann. Das ist das Relativitätsprinzip der Bewegung oder das phoronomische Relativitätsprinzip. Die nicht zu bezweifelnde Richtigkeit dieses Prinzips beruht darauf, daß es nichts Theoretisches oder Axiomatisches enthält, sondern eine einfache Beschreibung dessen ist, was wir tun und nicht anders tun können. Die Bewegung, die durch Richtung und Geschwindigkeit charakterisiert ist, ändert je nach dem Bezugskörper ihren Charakter, d. h. einen

---

[1]) Es mag sein, wie Petzoldt meint (Ann. d. Naturphil. 7, S. 56), daß zwar mancher, wenn auch nicht aller Widerstand gegen die absolute Bewegung aus einer Verwechslung des Sehraumes mit dem metrischen Raume herrührt. Das war aber dann nur ein unbewußt schaffendes Motiv. Darüber, daß unser Problem sich auf den metrischen Raum bezieht, waren sich wohl alle, die dazu schrieben, klar. Da nun nach meinen Erfahrungen psychologische Erörterungen über die Raumvorstellung in unserer Frage nur Verwirrung anstiften können, habe ich von vornherein auf solche verzichtet und mich einfach auf den naiven Standpunkt eines von der Psychologie hinsichtlich jenes Problems nicht berührten Menschen und Naturforschers gestellt, für den der Raum ohne weiteres metrischer Raum ist und der auf jene Unterscheidung erst aufmerksam wird, wenn er von der Psychologie darauf aufmerksam gemacht wird.

oder beide der sie charakterisierenden Faktoren; diesen Sachverhalt beschreibt das Prinzip. Will man es mit dem nur ein anderes Moment heraushebenden Prinzip der Reziprozität der Bewegung zusammenfassen, dann kann man mit Bergson[1]) sagen: Es gibt „kein mathematisches Symbol, welches auszudrücken imstande wäre, daß es viel mehr der bewegliche Körper ist, der sich bewegt, als die Achsen oder Punkte, zu welchen man ihn in Beziehung setzt".

5. **Zweiter Satz: Die Annahme einer absoluten Bewegung ist für die Mechanik zwecklos und unbrauchbar.**

Denn einmal können wir Bezugssysteme nur an gegebenen Körpern festlegen, über deren absolute Bewegung oder Ruhe wir nichts auszusagen vermögen; und fürs zweite gibt es keinen phoronomischen Satz, für den das vorhin (4) formulierte Prinzip nicht notwendig und hinreichend wäre.

6. Die Relativisten gehen im allgemeinen weiter. Wir sagen: Es gibt für uns nur relative Bewegung. Sie sagen: Es gibt überhaupt nur relative Bewegung. Soll der letzte Satz nicht nur formell, sondern auch inhaltlich eine umfassendere Wahrheit als der erste ausdrücken, so läßt sich diese Wahrheit nur negativ aussprechen: es gibt keine absolute Bewegung. Die Beweise, die die Relativisten für diese Behauptung bringen, bilden immer, nur oft in anderer Einkleidung, unsere beiden formulierten Sätze, entweder der erste allein oder beide zusammen. In der Benutzung unseres ersten Satzes für die relativistische Behauptung steckt aber ein Denkfehler, und zwar derselbe Fehler einer falschen Verallgemeinerung, wie ihn seinerzeit Berkeley in seinem berühmten Schluß machte. Berkeley sagte: Wir haben von den Körpern bloß Empfindungen und Vorstellungen; also sind die Körper bloß unsere Empfindungen und Vorstellungen. Genau der gleiche Fehler ist es nun doch, wenn man aus dem Satze, daß wir nur relative Bewegung kennen, schließt, daß es nur relative, d. h. daß es keine absolute Bewegung gibt[2]).

---

[1]) Bergson, Materie und Gedächtnis, S. 202. Jena 1908.

[2]) Selten wird man ein unbekümmerteres Hinweggleiten über diese falsche Generalisation finden als bei Poincaré (Wissenschaft und Hypothese, S. 91. Deutsch von F. u. L. Lindemann. 2. Aufl. Leipzig 1906): „Es gibt keinen absoluten Raum und wir begreifen nur relative Bewegung" (von mir unterstrichen). Übrigens hält ihn diese

7. Es ist wohl aber auch mehr das in der Kombination des ersten und zweiten Satzes liegende Motiv, das zu jener extremen relativistischen Behauptung führt: Was wir nicht sinnlich erkennen und messen können, ist für die Physik unbrauchbar. „Nicht Erkennbares, nicht sinnlich Aufzeigbares hat in der Naturwissenschaft **keine Bedeutung**"[1]). Was heißt nun dieses

---

Überzeugung nicht ab, etwas später (S. 106) zu schreiben: „Das Gesetz der Bewegung des Massenmittelpunktes ist strenggenommen nur richtig, wenn man es auf das ganze Universum anwendet ... Wir kennen nur relative Bewegung; die Bewegung des Massenmittelpunktes des Universums wird für uns ewig unbekannt bleiben." Damit gibt Poincaré die Möglichkeit einer Bewegung des Massenmittelpunktes, also absolute Bewegung oder Ruhe und einen absoluten Raum zu. Es ist überhaupt für die Psychologie des Streites interessant und einer kurzen Betrachtung wert, wie bei Poincaré relativistische und absolutistische Tendenzen in einem merwürdigen Kampfe liegen.

1. Er leugnet direkt den absoluten Raum.
2. Er gibt indirekt absolute Bewegung oder Ruhe und damit den absoluten Raum zu. Die Belege für diese ersten Punkte bilden die vorstehenden Zitate.
3. Er beweist die Notwendigkeit der Annahme des absoluten Raumes (S. 116 ff.); denn der Neumannsche Körper Alpha bedeutet auch nichts weiter als eine absolute Orientierung des Raumes. Er lehnt aber zuletzt (S. 124) die ganze Schlußweise ab, weil wir nichts brauchten, als das „Gesetz der Relativität" (S. 79); und dieses Gesetz ist nach ihm von der Interpretation der Tatsachen unabhängig, also nur eine Rechnungsregel (S. 77).
4. Der absolute Raum ist ihm ein „Übereinkommen" (S. 92). Die Übereinkommen sind jedoch nicht willkürlich; wir nehmen sie an, weil gewisse Experimente uns bewiesen haben, daß sie „bequem" sind (S. 138). Nun bedeutet aber „bequem" für Poincaré die dem Objekte am meisten entsprechende Anpassung, die den Charakter der Allgemeinheit trägt (Rey, Die Theorie der Physik, S. 180 f. Deutsch von R. Eisler, Leipzig 1908). Also paßt sich die Annahme des absoluten Raumes am meisten den Objekten an. — Ich glaube kaum, daß noch mehr Standpunkte als die hier gezeichneten möglich sind. Ich befürchte, kann es aber aus den Schriften Poincarés nicht belegen, daß auch bei ihm die später (42) zu besprechende Verwechslung des Begriffes „absolut" mit anderen Begriffen vorliegt; ohne diese Annahme sind mir die Widersprüche unerklärlich.

[1]) Mach, Die Mechanik in ihrer Entwickelung, 5. Aufl., S. 297. Leipzig 1904. An ganz vereinzelten Stellen bricht auch bei Mach die Erkenntnis der Einseitigkeit dieses Standpunktes durch, so daß diese Stellen im schroffen Gegensatz zu seiner sonstigen Erkenntnistheorie

„unbrauchbar", dieses „keine Bedeutung"? Will es bloß besagen, daß die Physik innerhalb des phoronomischen Weltbildes den Begriff des absoluten Raumes oder der absoluten Bewegung weder als Postulat noch als theoretisches Hilfsmittel benutzen kann, daß er außerhalb der Physik liegt, so ist das Motiv berechtigt; aber dann folgt daraus nicht, daß der Begriff überhaupt widerspruchsvoll ist, sondern eben nur, daß er kein brauchbarer physikalischer Begriff ist. Soll indes das „unbrauchbar" diese weitergehende Bedeutung einschließen, daß damit der Begriff der absoluten Bewegung als von jedem Standpunkt aus unrichtig abgelehnt sei, so liegt darin eine unberechtigte Grenzüberschreitung der Physik. Unberechtigt aus zwei Gründen, erstens vom phoronomischen Standpunkte aus, zweitens allgemein. Erstens ist der phoronomische Standpunkt ein einseitiger Standpunkt. Es wäre immerhin möglich und durch nichts a priori als unrichtig zu erweisen, daß dynamische Überlegungen die Annahme des absoluten Raumes in irgend einer logischen Form nötig machten. Soll zweitens jene relativistische Behauptung unabhängig vom phoronomischen Standpunkte gelten, so ist sie ein Ausfluß der extremsten positivistischen Gedankenrichtung, die alles nicht in der Erfahrung Gegebene für unwissenschaftlich und sinn- und wertlos erklärt[1]). Es kann nicht unsere Aufgabe sein, diese Stellung nach allen Seiten hin kritisch zu beleuchten; wir beschränken uns darauf, ihr Prinzip soweit als unvollständig nachzuweisen, als es dem Fortgang unserer Überlegungen entgegensteht.

Erfahrung kann fürs erste im engeren Sinne den Erwerb von Kenntnissen durch die Hilfsmittel der Beobachtung und des Experimentes, fürs zweite im weiteren Sinne das Erleben oder Haben irgend eines Bewußtseinsinhaltes, das Wahrnehmen be-

---

stehen. Man halte z. B. neben die oben zitierten Worte die folgenden: „Schon die bloße genaue Ermittelung des Tatsächlichen und dessen entsprechende Darstellung in Gedanken erfordert mehr Selbstständigkeit, als man gewöhnlich annimmt. Um angeben zu können, daß ein Element von einem oder mehreren anderen abhängt, und wie diese Elemente voneinander abhängen, welche funktionale Abhängigkeit hier besteht, muß der Forscher aus Eigenem, außer der unmittelbaren Betrachtung Gelegenem, hinzufügen" (Erkenntnis und Irrtum, S. 311. Leipzig 1905).

[1]) Vgl. Kant, Allgem. Naturgesch. des Himmels, S. 151 f. Ausg. Kehrbach.

deuten. Die psychologische Analyse zeigt, daß schon die Erfahrung im weiteren Sinne ein Produkt aus sinnlicher Erfahrung und gedanklichen Zutaten ist, daß das Sinnliche schon geformt ist. Man denke beispielsweise an den Einfluß intellektueller Vorgänge auf die Wahrnehmung; man beachte vor allem, wie schon in der Tatsache, daß wir doch eine geordnete Welt, d. h. Dinge in Beziehung zu anderen Dingen, sehen, die unbewußte synthetische Arbeit einer intellektuellen Funktion sich offenbart[1]). In dieser Erfahrung im weiteren Sinne ist natürlich die absolute Bewegung nicht gegeben, ist aber auch durch sie nicht ausgeschlossen, weil sie selber ja schon mehr als bloße sinnliche Erfahrung ist. Mit der Erfahrung in diesem Sinne kann die Naturwissenschaft nichts anfangen, sie kennt nur solche im engeren Sinne. In der Erfahrung im engeren Sinne steckt aber erstens schon das uns unmittelbar Gegebene mit seinen gedanklichen Zutaten, und stecken zweitens unbewußt als Postulate benutzte Denkprinzipien, z. B. das Prinzip der Identität, das Kausalprinzip wenigstens in der Form, die uns gestattet, auf zukünftige Ereignisse zu schließen; darin liegt dann weiterhin das Prinzip der Naturgesetzlichkeit, der Naturnotwendigkeit u. a. m. „Erfahrung ist eine verstandene Wahrnehmung", wie Kant kurz und klassisch sagt[2]). Wer also die Sachlage ohne Voreingenommenheit beurteilt, wird sehen, daß die Positivisten den Begriff der Erfahrung zu ihrem Zwecke ummodeln, indem sie nur das Sinnliche zur Erfahrung rechnen; in der Tat ist uns das Nichtsinnliche mit genau der gleichen Ursprünglichkeit und Notwendigkeit gegeben wie das Sinnliche. Man kann gewiß darüber streiten, wie weit die gedanklichen Zutaten zur sinnlichen Erfahrung gehen, wie viele Denkprinzipien der naturwissenschaftlichen Erfahrung unbewußt zugrunde liegen: daran, daß uns überhaupt gedankliche Umformungen und Denkpostulate in der naturwissenschaftlichen Erfahrung so gut wie das Sinnliche gegeben sind, ist nicht zu zweifeln. Ohne die unbewußten Postulate würde die naturwissenschaftliche Erfahrung nicht einmal ein

---

[1]) Um keinen Widerspruch mit dem in (2) definierten Standpunkte zu finden, muß man bedenken, daß die obige Analyse das Material des Gegebenen deutet.

[2]) Reicke, Lose Blätter aus Kants Nachlaß, 1. Heft, S. 40. Königsberg 1889.

„Kochbuch"¹) zustande bekommen. Selbstverständlich ist in dieser Erfahrung im engeren Sinne die absolute Bewegung gleichfalls nicht gegeben, aber auch wieder nicht durch sie ausgeschlossen; denn wenn einmal im naturwissenschaftlichen Erkenntnisprozeß irgend etwas, das über sinnliche Erfahrung hinausgeht, enthalten ist, dann ist auch darin noch Raum für die Annahme der nicht direkt beobachtbaren und meßbaren absoluten Bewegung²).

Wir erhalten demnach das Resultat: Das phoronomische Weltbild ist weder allein noch in seiner Verquickung mit dem positivistischen Standpunkte ein Beweis gegen die Existenz einer absoluten Bewegung.

8. Daß andererseits das phoronomische Weltbild uns keine Handhabe bietet, um die Existenz eines absoluten Raumes darzutun, folgt eigentlich schon aus unserem ersten Satz (4). Wir können aber diesem Gedanken durch eine kleine Überlegung noch eine andere Form geben. Nehmen wir einen Augenblick an, es gebe einen absoluten Raum. Da nun die Bewegung vektoriellen Charakter hat, so wäre offenbar in diesem Falle das phoronomische Weltbild genau so, wie es jetzt in Wirklichkeit ist. **Der absolute Raum ändert den Charakter des phoronomischen Weltbildes nicht;** wir haben „nicht zu befürchten, durch ihn jemals mit irgend einer Erfahrung in Widerspruch zu geraten"³). Offensichtlich liegt in dieser Form ausgedrückt, daß wir vom phoronomischen Standpunkte aus nie zu der absoluten Bewegung gelangen können; jene andere Form dieses Gedankens ist aber für später so wichtig, daß sie gleich an einem exponierten Platz stehen soll.

9. Wir können als Ergebnis von (6) bis (8) den dritten Satz hinstellen.

---

¹) Dieser idyllische Vergleich eines wissenschaftlichen Werkes mit einem Kochbuche stammt von Kleinpeter (Die Erkenntnistheorie der Naturforschung der Gegenwart, S. 13. Leipzig 1905).

²) Vgl. zu (7): Volkelt, Erfahrung und Denken, Hamburg 1886; P. Stern, Das Problem der Gegebenheit, Berlin 1903; Th. Lipps, Naturphilosophie, in der Kuno Fischer-Festschrift, 2. Aufl., S. 61ff. Heidelberg 1907; L. Nelson, Ist metaphysikfreie Naturwissenschaft möglich? (Abhandl. der Friesschen Schule, II. Bd., 3. Heft) Göttingen 1908.

³) H. Weber in den Anmerk. zu Poincaré, Wert der Wissenschaft. Deutsch von E. u. H. Weber, S. 221. Leipzig 1906.

Dritter Satz: **Das phoronomische Weltbild liefert von keinem Standpunkte aus weder einen Beweis für die Existenz, noch einen Beweis gegen die Existenz des absoluten Raumes.**

II. Die Dynamik des phoronomischen Weltbildes.

10. Es gilt nun, sich die dynamischen Konsequenzen der drei aufgestellten Sätze klar zu machen. Dabei beachten wir, daß wir auch hier noch lediglich auf dem Boden phoronomischer Erfahrungen stehen und keine dynamischen Voraussetzungen, Definitionen oder Übereinkünfte eingeführt haben.

Ist die Bewegung für uns relativ, dann offenbar auch die Beschleunigung; denn sie ist ja nichts anderes als die zweite Ableitung des Weges nach der Zeit, während die Geschwindigkeit die erste ist. Wir können also, wenn zwei Körper sich gegenseitig Beschleunigungen erteilen, die Beschleunigungen nicht eindeutig auf die beiden aufteilen.

Damit werden zwei andere Begriffe der Physik, nämlich die der Kraft und der Masse, unbestimmt und relativ, und von ihnen ist der eine ein Fundamentalbegriff. Kräfte beschleunigen und werden durch diese Beschleunigungen gemessen; da aber die Aufteilung der letzeren nicht eindeutig ist, sind auch die Kräfte unbestimmt. Das Massenverhältnis ist nach der heute wohl allgemein angenommenen Definition von Mach nichts anderes als das negative umgekehrte Verhältnis der Gegenbeschleunigungen, und der Wert der Masse kann nicht anders ermittelt und gemessen werden als auf Grund dieser Definition oder einer aus ihr abgeleiteten[1]). Damit ist aber die Masse eines Körpers ein unbestimmbarer Begriff; denn um das Verhältnis der Massen zweier Körper, die sich gegenseitig Beschleunigungen erteilen, feststellen zu können, müßte man doch eine bestimmte Annahme über die Aufteilung der Beschleunigungen machen, die aber wegen der Relativität der Bewegungen völlig willkürlich wäre.

Nur nebenher sei erwähnt, daß auch das Newtonsche Gravitationsgesetz fällt; denn es ist wesentlich aufgebaut auf dem

---

[1]) Auch bei der elektromagnetischen Definition der Masse (74) wird ihr Begriff wegen ihrer Abhängigkeit von der nicht eindeutig aufteilbaren Geschwindigkeit vom obigen Standpunkte aus unbestimmt.

Verhältnis der Massen bzw. der von diesen erteilten Beschleunigungen, das aber, wie wir sahen, ganz unbestimmt ist.

Daß das Trägheitsprinzip in der Newtonschen Form aufgegeben werden muß, ist ohne weiteres klar. Man kann nicht angeben, worauf sich die Ruhe oder die Geradlinigkeit und Gleichförmigkeit der Bewegung beziehen sollen, da ja Bewegung und Ruhe durch ihre Bezugskörper definiert sind.

Eine weitere Konsequenz des Relativitätsprinzips vom phoronomischen Standpunkte aus ist die, daß relative Bewegungen Zentrifugalbeschleunigungen hervorbringen können. Dann muß aber ein Körper in bezug auf alle Punkte des Weltalls, in bezug auf die er nicht in Bewegung ist, keine Zentrifugalkraft zeigen, zu gleicher Zeit jedoch in bezug auf andere unendlich viele Punkte des Weltalls unendlich viele und unendlich verschiedene Zentrifugalkräfte besitzen. Das ist nur ein spezielles Beispiel für die Art und Weise, wie der rein phoronomische Standpunkt auf dynamische Verhältnisse zu schließen zwingt. Man kann den allgemeinen Charakter des Verhältnisses von Phoronomie und Dynamik von diesem Standpunkte aus als Äquivalenz der geometrischen (oder phoronomischen) und dynamischen Beziehungen bezeichnen: Sind die Bewegungen zweier Körper geometrisch identisch, so sind sie auch dynamisch äquivalent[1]).

---

[1]) Die vollen Konsequenzen des rein phoronomischen Standpunktes hat erst Neisser ausgesprochen (Ptolemäus oder Kopernikus? Leipzig 1907), der also in diesem Punkte über Mach hinausgegangen ist, ohne allerdings, wie er meint, in der Fassung des Bewegungsbegriffes über ihn fortgeschritten zu sein und ohne vor allem irgend einen Weg aus diesem Wirrwarr und diesen Unrichtigkeiten zu einem vernünftigen Aufbau der Physik gewiesen zu haben. Es ist merkwürdig, daß Mach die Konsequenz hinsichtlich des Massenbegriffes nicht gesehen hat, trotzdem doch gerade seine Fassung diese Konsequenz erst möglich gemacht hat. Nur dieses Nichtbemerken fällt mir übrigens auf, nicht als ob dadurch die Definition falsch wäre; durch die spätere Beziehung auf den Fixsternhimmel macht Mach die Aufteilung der Beschleunigungen eindeutig. Lange war sich der meisten Konsequenzen, vor allem der außerordentlich wichtigen der Äquivalenz der geometrischen und dynamischen Beziehungen, bewußt und handelte danach, wenn er sie auch nicht alle ausdrücklich hervorhob (vgl. auch vereinzelte Äußerungen in Physikbüchern, z. B. bei Gray, Lehrbuch der Physik. Deutsch von Auerbach, I. Bd., S. 137. Braunschweig 1904).

11. Es ist wohl ohne Schwierigkeit einzusehen, daß sich auf dem Boden dieser Konsequenzen kein System der Physik aufbauen läßt. Beschleunigung und Masse sind Fundamentalbegriffe, ihre Unbestimmtheit macht die ganze Mechanik und Physik unbestimmt. Ferner ist die Äquivalenz der geometrischen und der dynamischen Beziehungen, die die Mechanik vollends über den Haufen werfen würde, tatsächlich falsch. Wir kommen also zu dem Resultat:

Die Dynamik des phoronomischen Weltbildes ist teils unbrauchbar, teils erfahrungswidrig.

III. Die Versuche zur Konstruktion des dynamischen Weltbildes: Der erste Weg.

12. Da die Widerspruchslosigkeit des phoronomischen Weltbildes über jedem Zweifel steht, so erhebt sich jetzt die Frage: Wie ist es möglich, die Bewegung und die mit ihr zusammenhängenden Begriffe dynamisch eindeutig zu charakterisieren, ohne die sichere Erkenntnis der phoronomischen Relativität preiszugeben?

Kurz und treffend hat Mac Gregor die beiden Wege gezeichnet, die zu einer Beantwortung dieser Frage führen können [1]). Ich gebe seine Worte nach der Übersetzung Langes [2]): „Wie es scheint, kommen nur zwei legitime Wege zur Auffindung dynamischer Bezugssysteme in Betracht, nämlich: 1. Nachprüfung der Beobachtungsergebnisse, zu deren Ableitung die Bewegungsgesetze ausgesprochen wurden, und eventuelle Neuformulierung dieser Gesetze. 2. Der Weg, daß man ausgeht von der Annahme, da einmal die Bewegungsgesetze in ihrer unbestimmten Form zum Überfluß geprüft worden sind von Leuten, die durch eine Art von dynamischem Instinkt befähigt waren, einen richtigen Gebrauch von ihnen zu machen, so müssen wohl Achsen vorhanden sein, in bezug auf welche sie gelten; und daß man dann dazu übergeht, diese Achsen mit Hilfe der Gesetze selber zu bestimmen." Für die Untersuchung der beiden Wege wird bloß das Trägheitsprinzip gebraucht, weil sein Bezugssystem das Bezugssystem aller Bewegungsgesetze ist.

---

[1]) Mac Gregor, Phil. Mag. 36 (5), 236, 1893.
[2]) Lange, Wundts Phil. Stud. 20_2, 14, 1902.

13. Der Typ des ersten Weges Mac Gregors ist der Machsche Gedanke¹), das Trägheitsprinzip auf den Fixsternhimmel zu beziehen und von der Erdrotation die Zeitskala herzunehmen.

Es ist sicher, daß dieser Weg vorläufig praktisch genügt, so lange wir noch Fixsterne ohne Eigenbewegung kennen. Theoretisch ist er indes strenggenommen, wie Seeliger²) bemerkt, schon dadurch unmöglich, daß der Sterntag zufolge der Präzession eine variable Größe ist, deren Variabilität noch nicht bekannt ist. Ebenso sicher ist aber auch, daß einst die Zeit kommt, wo dieser Weg nicht mehr hinreicht. Denn die Astronomie lehrt immer mehr auch die Eigenbewegungen der entfernteren Fixsterne kennen, und weil unser Fixsternsystem ein endliches System ist, werden wir einmal in ein Stadium der Forschung gelangen, wo die Entfernung der Sterne kein Hindernis für die Erkenntnis ihrer Eigenbewegungen mehr ist. Und selbst wenn wir die Möglichkeit offen lassen, daß während der ganzen Zeit der Existenz des Menschengeschlechtes wenigstens drei fixe Sterne zur Verfügung stehen, durch die sich Koordinatenachsen legen lassen, so wissen wir doch bestimmt, daß wir bei genügender Annäherung an diese Sterne und bei genügender Feinheit der Instrumente auch bei ihnen Eigenbewegungen entdecken würden. Durch jene Voraussetzung der praktisch stets möglichen Koordination wird aber die Theorie der logischen Grundlegung der Physik nicht befriedigt, weil sie damit an Grenzbedingungen gebunden wäre, die theoretisch nicht existieren.

14. Mach hat das auch erkannt und darum noch eine andere Festsetzung versucht. „Statt zu sagen: die Richtung und Geschwindigkeit einer Masse μ im Raum bleibt konstant, kann man auch den Ausdruck gebrauchen: die mittlere Beschleunigung der Masse μ gegen die Massen m, m', m''... in den Entfernungen r, r', r''... ist $= 0$ oder $\frac{d^2}{dt^2} \frac{\Sigma mr}{\Sigma m} = 0$. Letzterer Ausdruck ist dem ersteren äquivalent, sobald man nur hinreichend viele, hinreichend weite und große Massen in Betracht zieht"³).

---

¹) Mach, Mechanik, S. 256 und öfters.
²) Seeliger, Sitzungsber. der math.-phys. Kl. d. Kgl. Bayer. Akad. d. Wiss. **36**, 106, 1906.
³) Mach, a. a. O., S. 248 f.

In diesem Ansatz streiten zwei Gesichtspunkte miteinander: einmal der eine, die Bewegungen von den umgebenden Massen abhängig zu machen — und dem ist ja formell Rechnung getragen; da dann aber die Gleichförmigkeit und Geradlinigkeit in Frage stehen, muß der zweite Gesichtspunkt helfend eintreten, daß man hinreichend viele, große und weite Massen in Betracht zieht. Will man von dem ersten Gesichtspunkte nicht lassen, so gibt man die Gleichförmigkeit und Geradlinigkeit und damit den eigentlichen Zweck des Ansatzes preis; will man aber diese Eigenschaften streng aufrecht halten, dann ist man gezwungen, nur sehr weite Massen in Betracht zu ziehen, und kommt damit auf den ursprünglichen Machschen Standpunkt, den die fortschreitende Astronomie unmöglich machen wird [1]).

15. Man sieht schon aus dem Vorstehenden, daß das Machsche Gedankensystem noch unausgeglichen ist: es kreuzen sich in ihm die verschiedensten Gesichtspunkte und Richtungen. So nimmt es denn auch nicht Wunder, wenn an einem anderen Orte wieder ein anderes Motiv durchbricht und Machs Stellungnahme zu unserem Problem verändert [2]). Nach der dort vertretenen Auffassung muß er nicht notwendig, wie bei den beiden vorhin besprochenen Ansätzen, auf den zweiten Weg kommen; er könnte, wenn ich ihn hier recht verstehe, etwa folgendermaßen sagen: Ich will das Trägheitsprinzip deshalb auf den Fixsternhimmel beziehen, weil nicht nur phoronomisch, sondern auch auf irgend eine physikalische Weise die Geradlinigkeit der Bahnen sich selbst überlassener Punkte relativ zum Fixsternhimmel durch die Lagen der Fixsternmassen bedingt ist. Es ist möglich, daß es gar keine wirklichen Achsen gibt, für die das Trägheitsprinzip gilt. Vielleicht hat das Prinzip nur örtliche und zeitliche Bedeutung für uns, so daß sich also eventuell auch eine nichtinertiale Dynamik aufbauen läßt, — ähnlich wie vielleicht der euklidische Raum nur insofern für uns praktische Bedeutung besitzt, als ein kleines Stück eines nichteuklidischen Raumes für die Praxis mit dem euklidischen übereinstimmt und das uns zugängliche Universum ja als ein derartiges kleines Stück betrachtet werden darf.

---

[1]) Vgl. Seeliger, a. a. O., S. 107 f.
[2]) Mach, a. a. O., S. 260 f.

Gegen diese Auffassung hat Lange mit Recht geltend gemacht[1]), sie sei wohl möglich, aber die Geschichte der Forschung weise nach der Richtung hin, daß man in allen Fällen, wo man Abweichungen sich selbst überlassener Punkte von der geraden Linie fände, dieselben durch ablenkende Kräfte am einfachsten erkläre.

16. Im Anschluß daran deutet Lange eine Schwierigkeit an, in die Mach bei seiner letztgenannten Ansicht gerät: Mach darf das Trägheitsprinzip nicht auf die Bewegungen der Fixsterne anwenden. Dieser Gedanke Langes läßt sich tiefer fassen und auf eine breitere Grundlage stellen und ist dann geeignet, die Unhaltbarkeit der Machschen Stellung besonders deutlich aufzuzeigen.

Man muß beachten, wie der Beschleunigungsbegriff mit dem Trägheitsprinzip zusammenhängt, dadurch auch der Massenbegriff und das Gravitationsgesetz. Die Machsche Ansicht von der örtlichen und zeitlichen Beschränktheit des Trägheitsprinzips widerspricht demnach nicht nur in ihrer Grundlage der Entwickelung der Mechanik, sondern auch in ihren Konsequenzen der Entwickelung, der Praxis, den Zielen und Resultaten der Astromechanik. Die Astromechanik hat ihre Berechnungen auf dem Boden der klassischen Mechanik angestellt, und dabei hat sie sich nicht gekümmert um Lichtjahre und Siriusweiten, nicht gekümmert darum, daß die Rotationsdauer der Erde jedenfalls nicht konstant ist. Trotzdem hat die Astronomie nie einen Irrtum gefunden, der sie gezwungen hätte, die klassische Mechanik zu verlassen. Wenn die Astronomie die Auffassung Machs akzeptieren würde, müßte sie aufhören, den Bau des Fixsternsystems anders als rein phoronomisch zu erforschen, wäre die Berechnung der Doppel- und Vielfachsternsysteme sinnlos, wäre das ihr als höchstes und letztes vor Augen schwebende Ziel einer Dynamik des Fixsternsystems eine Utopie, die auch nur eines Gedankens nicht wert wäre. Kosmogonische Spekulationen haben auf dem Boden der Machschen Ansicht keinen Zweck, denn bei allen braucht man dynamische Voraussetzungen. Und wäre es ferner nicht ein Wunder aller Wunder, daß das Trägheitsprinzip in der einfachsten und elegantesten Form gerade in der Nähe der Erde herrsche, während in den Fernen rings um uns herum andere, verwickeltere Prinzipien walten, gleich als ob Geister — die wir

---

[1]) Lange, Phil. Stud:, S. 25 f., 1902

ja seit **Maxwell** in der Physik brauchen dürfen — die Existenz des Menschengeschlechtes gerade zu der Zeit und an dem Raumorte inszeniert hätten, wo das Prinzip in jener einfachsten, fast selbstverständlichen Form herrscht?

Mach kann diesen Konsequenzen nur entgehen, wenn er bei der örtlichen und zeitlichen Beschränkung des Prinzips den Ort mindestens auf das ganze Fixsternsystem erweitert und die Zeit in ungemessene Weiten rückwärts und vorwärts ausdehnt. Durch diese teilweise Aufhebung der Beschränktheit würde aber **Mach** — die später (30) zu besprechende Ansicht der modernen Astronomie als richtig vorausgesetzt — zu seiner eigenen Grundlage in Widerspruch treten. Denn er hat das Prinzip ja erstens deshalb örtlich beschränkt, weil sich selbst überlassene Punkte eventuell von den Fixsternmassen mitbeeinflußt sein könnten; wenn nun das Prinzip unter den ganz anderen dynamischen Verhältnissen an der Peripherie des Systems in derselben Form gilt wie bei uns im Zentrum, so kann eine solche Beeinflussung nicht bestehen. Zweitens wäre offenbar die zeitliche Beschränkung schon bei einer Ausdehnung der Zeit über die Vergangenheit hinaus, wo die heutige Rotationsdauer der Erde vorhanden ist, von selbst aufgehoben.

17. Und schließlich schadet es nichts, auch einmal einiges andere zu bedenken. Man darf gewiß solche flüchtigen Konzeptionen wie die von der örtlichen und zeitlichen Beschränktheit des Trägheitsprinzips theoretisch diskutieren, aber doch wohl schwerlich anderen in der Praxis erprobten Grundanschauungen entgegenstellen, lediglich deshalb, weil man von gewissen Lieblingsideen nicht lassen will und die Erfahrung zu stark betont. Man könnte ja z.B. eine Menge astronomischer Resultate umstoßen, wenn man die Inhomogeneität des Raumes[1]) oder die örtliche Beschränktheit des Gravitationsgesetzes oder viel schlimmere Dinge behauptete. Es ist das ja alles auch schon diskutiert worden, aber als eine Art von theoretischer Kuriosität, die wegen ihrer Außergewöhnlichkeit reizte, an deren wissenschaftliche Verarbeitung oder gar erfahrungsgemäße Konstatierung auch nur in dämmernden Fernen keiner gedacht hat. Jedenfalls ist mit dieser Art von Kritik und dieser

---

[1]) Ich denke dabei nicht an Homogeneität im mathematischen, sondern an Homogeneität im physikalischen Sinne (im Falle eines physikalischen Raumes); man könnte dann von einer konstanten oder variabeln Raumdichte reden.

Betonung des Erfahrungsstandpunktes die Forschung bis jetzt nicht weitergekommen, sondern immer nur mit der genau entgegengesetzten Methode. Schließlich „erfährt" ja auch Mach nur die Physik seines Laboratoriums. Möglich bleibt auch von unserem Standpunkte aus eine gewisse Abhängigkeit des Trägheitsprinzips vom Charakter des Raumes; aber wenn man mit allen Möglichkeiten rechnen wollte, so würden wahrscheinlich nicht sehr viele von den heute für sicher gehaltenen Resultaten der experimentellen und theoretischen Physik unbezweifelt übrig bleiben. Man darf übrigens auch wohl annehmen, daß der Gedanke von Mach nicht mehr als eine flüchtige Konzeption sein sollte.

Wir müssen also, wie die Dinge heute liegen, den Machschen Standpunkt nach allen Nuancen hin, die ihm sein Autor erteilt hat, für unannehmbar erklären. Der praktisch vorläufig gangbare erste Weg wird wissenschaftlich durch die Fortschritte der Astronomie unmöglich gemacht. Es bleibt dann nur übrig, nach wissenschaftlich nicht diskutierbaren und darum überflüssigen Möglichkeiten zu greifen oder den Gang auf dem zweiten Wege zu versuchen. Da sich für das erstere kaum ein Gelehrter entscheiden wird, wenn ihm Charakter und Konsequenzen einer solchen Annahme klar sind und ihn nicht wenig wissenschaftliche Motive dazu drängen, so läßt sich als Endresultat unserer Überlegungen das Folgende vertreten: **Um einen widerspruchslosen Aufbau der Physik zu ermöglichen, müssen die dynamischen Konsequenzen des phoronomischen Relativitätsprinzips dadurch eindeutig bestimmt oder, soweit sie falsch sind, aufgehoben werden, daß das Bezugssystem festgelegt wird, für das das Trägheitsprinzip und die Bewegungsgesetze überhaupt Geltung haben.**

IV. Die Versuche zur Konstruktion des dynamischen Weltbildes: Der zweite Weg.

18. Die erste ausführliche und exakte Durchführung des zweiten Weges Mac Gregors verdanken wir Ludwig Lange[1]); sie schafft zwar nicht alle Unklarheiten weg, ist aber

---

[1]) Lange, Wundts Phil. Stud. 2, 1885; Ber. über die Verh. der Kgl. Sächs. Ges. d. Wissensch., math.-phys. Kl., Leipzig 1885; Die

wohl die bis heute beste und deshalb von den meisten Forschern, die sich mit der logisch-physikalischen Grundlegung der Mechanik befassen, angenommen. Wir können darum die vielfach nur angedeuteten Versuche von J. J. Thomson, W. Thomson, Tait, Mac Gregor, L. Weber, Neumann, Basset, Tilly, Reech, Duhem, Painlevé u. a., die oft hart an die Langesche Idee streifen, hier beiseite lassen, zumal sie der Tendenz nach mit dem Langeschen Versuche und vor allem mit dem übereinstimmen, was wir später von den Ideen Langes benutzen; teilweise sind sie übrigens von Lange selber als unrichtig oder unbrauchbar nachgewiesen.

19. Um uns über den zeitlichen Teil des Trägheitsprinzips endgültig zu verständigen, sei bemerkt, daß wir uns, wie auch Lange es tut[1]), vollständig mit der Neumannschen Darlegung[2]), mit der Maxwell[3]) übereinstimmt, einverstanden erklären. Neumann benutzt als Skala die Bahnen sich selbst überlassener Punkte: „Zwei materielle Punkte, von denen jeder sich selbst überlassen ist, bewegen sich in solcher Weise fort, daß gleiche Wegabschnitte des einen immer mit gleichen Wegabschnitten des anderen korrespondieren." Wir können also jetzt „gleiche Zeitintervalle als diejenigen definieren, innerhalb welcher ein sich selbst überlassener Punkt gleiche Wegabschnitte zurücklegt." Für einen Punkt ist dies, wie Lange richtig bemerkt, eine Konvention, die Erfahrung zeigt aber, daß es auf alle Punkte anwendbar ist. Uns interessiert nun im folgenden nur der räumliche Teil des Prinzips.

20. Lange gewinnt über den räumlichen Teil Klarheit, indem er ein System definiert, dem er aus einem unmittelbar einleuchtenden Grunde den Namen Inertialsystem gibt, und das

---

geschichtliche Entwickelung des Bewegungsbegriffes, Leipzig 1886; Wundts Phil. Stud. **20**, 2. Teil, 1902. Vgl. dazu die bei (13) zitierte Abhandlung von Seeliger, sowie die von Neumann, Ber. über die Verh. der Kgl. Sächs. Ges. d. Wissensch., math.-phys. Kl., **62**, 69, Leipzig 1910.

[1]) Lange, Die geschichtliche Entwickelung des Bewegungsbegriffes, S. 134 f.

[2]) C. Neumann, Über die Prinzipien der Galilei-Newtonschen Theorie, S. 18. Leipzig 1870.

[3]) Maxwell, Substanz und Bewegung. Deutsch von Fleischl, S. 35. Braunschweig 1881.

zwar von der Konstellation der Massen des Weltalls unabhängig ist, aber so viel Zusammenhang mit der Erfahrung besitzt, daß es für die Erfahrung nutzbar gemacht werden kann. Drei von einem Raumpunkte ausgehende und sich selbst überlassene Punkte werden im allgemeinen alle möglichen, meist krummlinigen Bahnen beschreiben. Es läßt sich nun mathematisch zeigen, daß es mindestens ein Koordinatensystem gibt, in bezug auf das diese drei Punkte — vorausgesetzt, daß sie nicht in gerader Linie liegen — geradlinige Bahnen beschreiben. Eine nähere mathematische Untersuchung zeigt weiter, daß es sogar unendlich viele geradlinig und gleichförmig gegeneinander bewegte Koordinatensysteme gibt, die in bezug auf die drei Punkte diese Forderungen erfüllen. Jedes dieser Systeme ist ein Inertialsystem, das also nach Übereinkunft so gewählt ist, daß die drei Punkte in ihm geradlinige Bahnen beschreiben. Daß nun in bezug auf ein derartiges System jeder vierte sich selbst überlassene Punkt auch eine geradlinige Bahn beschreibt, ist teils eine Folgerung aus dem Kausalprinzip, wonach es plausibel ist, daß der vierte Punkt, da er ja unter den gleichen Bedingungen wie die übrigen Punkte steht, wohl auch eine analoge Bahn in bezug auf dasselbe System beschreiben wird; teils aber muß diese Folgerung in der Erfahrung bestätigt werden.

Um ein solches Inertialsystem ideal zu konstruieren, könnte man etwa so verfahren. „Drei materielle Punkte P_1, P_2, P_3 werden gleichzeitig vom selben Raumpunkte ausgeschleudert und sofort sich selbst überlassen. Sobald man sich vergewissert hat, daß sie nicht in einer geraden Linie gelegen sind, verbindet man sie einzeln mit einem ganz beliebigen vierten Raumpunkt Q. Die Verbindungslinien, welche G_1, G_2, G_3 heißen mögen, bilden zusammen eine dreiseitige Ecke. Läßt man nun diese Ecke in unveränderter Starrheit ihre Gestalt bewahren, und verfügt man über ihre Lage beständig so, daß P_1 auf der Kante G_1, P_2 auf G_2, P_3 auf G_3 stetig fortschreitet, so ist ein Koordinatensystem, worin die Ecke ihre Lage beibehält, ein Inertialsystem. Die drei Kanten können auch gleich selbst als Achsen eines Inertialsystems benutzt werden, nur dürfen sie dann nicht in einer Ebene liegen[1]." Den oben erwähnten

---

[1] Lange, Gesch. Entw., S. 139f.

mathematischen Beweis hat, außer Lange in den ersten der bei (18) zitierten Arbeiten, noch in etwas anderer Form Seeliger[1]) gebracht.

21. Wenn man nun auch die von Lange gewählte Form der Ableitung nach der mathematischen Seite hin für richtig und sogar für die beste halten darf, weil sie wesentlich auf dem eigentümlichen Konventionscharakter des Inertialsystems aufgebaut ist und weil dieser Charakter kein Moment mehr in sich begreift, als was Phoronomie und Dynamik fordern müssen, so braucht man sie doch nicht für notwendig zu halten. Wir müssen nur auf ein Inertialsystem kommen, das dieselben Dienste wie das Langesche leistet. An und für sich wäre ihm also beispielsweise Neumanns Körper Alpha gleichberechtigt. Auch die Annahme des letzteren kann eine Konvention enthalten, sie braucht sie aber nicht zu enthalten und geht damit über die Forderungen der Phoronomie und Dynamik hinaus; das ist kein Fehler, aber es ist mehr, als Mathematik und Mechanik zu erweisen vermögen. Später werden uns diese Andeutungen verständlicher und wir lernen begreifen, daß diese und ähnliche Betrachtungen, soweit sie richtig sind, keine Gegensätze darstellen, sondern nur mit unvollkommenen Hilfsmitteln ausgeführte oder mit den vollkommensten Hilfsmitteln unausführbare Versuche, von denen die ersteren, wenn sie gelungen wären, und von denen die letzteren, soweit sie im phoronomisch-dynamischen Bereiche bleiben, denselben Zweck erfüllen, den Lange mit den notwendigen und hinreichenden Mitteln erreicht hat.

22. Das Bisherige stellt nur den idealen Typ des Inertialsystems dar. Wir müssen nun versuchen, in der Wirklichkeit ein solches zu finden. Diese tatsächliche Festlegung eines Inertialsystems ist eine Aufgabe der Physik und Astronomie[2]). Sie darf uns deshalb hier nicht näher beschäftigen, nur ein paar Zeilen müssen wir ihr widmen, um den Charakter ihrer Lösung verständlich zu machen.

Sehen wir von der Repräsentation eines Inertialsystems durch die Hauptträgheitsachsen des Weltalls ab, die uns ja

---

[1]) Seeliger, Ber., S. 97 ff.
[2]) Vgl. Seeliger, a. a. O., S. 109 ff.

niemals bekannt sein werden und gegen deren Benutzung auch Einspruch erhoben worden ist[1]), so würde die auf den ersten Blick einfachste und theoretisch genaueste Festlegung eines Inertialsystems darin bestehen, daß man seinen Koordinatenanfangspunkt in unser Planetensystem und zwar in die Laplacesche invariable Ebene legt. Es ist das eine Ebene, die bei allen inneren Änderungen des Planetensystems, auch bei außergewöhnlichen, wie z. B. bei Zusammenstößen oder Änderungen des Gesetzes der anziehenden Kräfte u. a., und bei allen äußeren Kräftewirkungen, die im Koordinatenanfangspunkt angreifen, gegen ein Inertialsystem invariabel ist, also selber als Inertialsystem betrachtet werden kann. Aber dieser scheinbar einfachste Fall ist nur mit praktisch hinreichender, aber niemals mit theoretischer Genauigkeit herzustellen. Denn erstens wäre der Anfangspunkt wegen der Anziehung durch die übrigen Massen des Weltalls kein unbeeinflußter Punkt; zweitens müßten zur Festlegung der invariabeln Ebene etwa gegen das empirische astronomische Koordinatensystem a) alle Mitglieder unseres Systems bekannt, b) die Anzahl dieser Mitglieder konstant sein, c) die Rotationen der Sonne und Planeten genau berücksichtigt werden; alle drei Forderungen sind teils unerfüllt, teils unerfüllbar; drittens würden, selbst wenn alle diese Forderungen erfüllt wären, die Rotationskomponenten des empirischen Systems gegen die Ebene sich nicht getrennt bestimmen lassen, weil die Flächensätze nicht voneinander unabhängig sind; endlich ist viertens die Anziehungskraft nicht die einzige auf die Bewegung wirkende Kraft im Weltraum, hinzu kommt noch, worauf man bisher nicht geachtet hat, der Strahlungsdruck, dessen nicht bekannte Inkonstanz die theoretisch genaue Bestimmung der Laplaceschen Ebene wenigstens über eine gewisse Zeitdauer hinaus unmöglich macht, und es spielen noch im letzten Kapitel genauer zu besprechende Umstände mit hinein. Gewiß kann man in der Praxis über den ersten Punkt durch Hinzufügung einer Funktion der Zeit zum Attraktionsgesetz, über die folgenden durch gewisse Vernachlässigungen oder andere Hilfsmittel hinwegkommen, so daß das Inertialsystem praktisch auf diese Weise angenähert festgelegt

---

[1]) Föppl, Sitzungsber. der math.-phys. Kl. der Kgl. Bayer. Akad. d. Wissensch. **34**, 385, 1904.

werden kann. Indes ist es weit bequemer und auch von Newton[1]) schon vorgeschlagen, eine praktisch leichter zu berechnende Ebene als Grundlage eines Inertialsystems zu nehmen, z. B. die Ebene der Erdbahn, die praktisch die gleichen, übrigens nicht besonders großen Dienste leisten kann.

Es ist aus alledem ersichtlich, daß sich die tatsächliche Festlegung eines Inertialsystems nie mit absoluter theoretischer Genauigkeit erreichen läßt. Es stehen — allgemein gesprochen — alle Dinge der Welt zueinander in Beziehung, und darum kann eines dieser Dinge oder irgend eine durch sie gesetzte Realität in bezug auf die Lage niemals absolut sein, sondern nur durch einen nie abbrechenden unendlichen Prozeß zu einer quasiabsoluten gemacht werden. Der Koordinatenanfangspunkt der idealen Laplaceschen Ebene wird stets kleine Oszillationen um den Anfangspunkt des Inertialsystems machen, und die von uns mit möglichster Genauigkeit festgelegte Laplacesche Ebene wird stets kleine Oszillationen um Achsen machen, die, beliebig in der idealen oder einer zu ihr parallelen Inertialebene liegend, sie durchlaufen. **Die tatsächliche Festlegung eines Inertialsystems bleibt immer ein Ideal, dem wir uns zwar praktisch mit beliebiger Genauigkeit nähern, das wir aber im strengen theoretischen Sinne niemals erreichen können**[2]).

V. Inertialsystem und absoluter Raum.

23. Wir beweisen nun drei Sätze über das Inertialsystem.

1. **Das ideale Inertialsystem besitzt keinen unmittelbaren Zusammenhang mit dem tatsächlichen Inertialsystem und dem empirischen astronomischen Koordinatensystem.** Dieser Satz, dessen Bedeutung man an dieser Stelle noch nicht einsieht, weil er ganz selbstverständlich

---

[1]) Newton, Math. Prinzipien der Naturlehre. Übers. von Wolfers, S. 398. Berlin 1872.

[2]) Wenn J. Wellstein nur dies mit seiner Behauptung (Weber-Wellstein, Enzykl. d. Elementarmathem. 2, 124, 2. Aufl., Leipzig 1907), der absolute Raum und die absolute Zeit seien „ein mit schwerer Mühe und unendlicher Arbeit anzustrebendes und nie vollkommen erreichbares Endziel", sagen will, so hat er recht.

erscheint, ist eine einfache Konsequenz aus dem Charakter des Inertialsystems; besser gesagt, er ist im Grunde nur eine andere Fassung dieses Charakters, wobei allerdings, wie wir gleich sehen werden, ein charakteristisches Merkmal keinen Ausdruck gefunden hat. Den Charakter des Inertialsystems hat Lange in seinen ersten Arbeiten dadurch bestimmt, daß er es „ideal", eine „reine Idee", eine „bloße Idee" nannte. Diese Bestimmung war Mißverständnissen ausgesetzt und hat deren hervorgerufen. Deshalb hat Lange sie in seiner letzten Arbeit ganz klar gegeben. Er sagt[1]): „Die Definition des Inertialsystems sollte so, wie ich sie gab, überhaupt gar nicht der unmittelbaren praktischen Konstruktion eines Inertialsystems dienen, sondern lediglich das methodologische Prototyp aller praktischen Konstruktionen dynamischer Bezugssysteme darstellen." Das ideale Inertialsystem verhält sich nach Langes Vergleich zu den Ausgestaltungen dieses Prototyps genau so, wie die gerade Linie zu ihrer praktischen Ausgestaltung im Lineal. Wie also gerade Linie, Kreis, Kugel mathematische Idealbegriffe sind, so ist das Inertialsystem ein phoronomisch-dynamischer Idealbegriff. Daraus erhellt unmittelbar die Selbstverständlichkeit des ersten Satzes.

24. 2. Das ideale Inertialsystem besitzt dieselbe Realitätsstufe wie die Raummomente der Körper. Unter Raummomenten sind hier die räumlichen und die auf ihnen beruhenden phoronomisch-dynamischen Eigenschaften der Körper (Ausdehnung, Größe, Gestalt, Lage, Geschwindigkeit, Bewegungsrichtung, Beschleunigung, Zentrifugalkraft u. a.) verstanden. Der Satz soll besagen: Das System ist eine bloße Idee, wenn auch die Raummomente der Körper bloße Ideen sind; es ist eine bloße Vorstellung, wenn auch die Raummomente bloße Vorstellungen sind; es besitzt transsubjektive Realität, wenn auch die Raummomente transsubjektive Realität besitzen. Er will also das Inertialsystem und die Raummomente erkenntnistheoretisch auf die gleiche Realitätsstufe stellen, ohne über die metaphysische Bedeutung dieser Stufe etwas festzusetzen. Wir haben in diesem Satze an die Stelle eines charakteristischen Merkmales der Langeschen Begriffsbestimmung ein anderes gesetzt; wir haben, wie es sich auch

---

[1]) Lange, Phil. Stud., S. 36, 1902.

auffassen läßt, die Langesche Bestimmung verallgemeinert; was dabei von seiner Charakterisierung noch übrig bleibt, ist in dem ersten Satz ausgedrückt. Wir beweisen nun den zweiten Satz in zwei Folgen.

25. a) An einer Stelle seiner selbständigen Schrift [1]), wo er auf die bekannte Neumannsche Betrachtung über die Rotation eines isolierten Körpers [2]) zu sprechen kommt, macht Lange gegen die von Neumann gezogenen Konsequenzen außer einem anderen Einwand, der später besprochen wird, noch folgendes geltend: Es „folgt doch aus dem Verschwinden der äußeren umgebenden Himmelskörper noch keineswegs Inertialruhe des Sternes, folglich auch nicht Übergang in die Kugelgestalt. Unser ideales Inertialsystem brauchen wir nicht aus dem Auge zu verlieren, soviel wir auch die Umgebung des Sternes hinwegdenken mögen. Die bleibende Abplattung des Sternes werden wir aus einer Rotation des Sternes relativ zu einem Inertialsystem ... in befriedigender Weise und so einfach als möglich erklären können. Wäre auch jede Möglichkeit der praktischen Konstruktion [3]) eines Inertialsystems in diesem Falle ausgeschlossen, so würde dies, da sich alle Erklärungen der Dinge nicht draußen, sondern in uns abspielen, ganz gleichgültig sein."

Die Behauptung, daß die Erklärungen der Dinge sich nicht draußen, sondern in uns abspielen, kann hier nun doch lediglich bedeuten, daß unser Verstand Realitäten, die von ihm unabhängig sind, mit anderen Realitäten in einer Weise verknüpft, daß aus dieser Verknüpfung die zu erklärenden Erscheinungen abgeleitet werden können. Was also von den Erklärungen sich „in uns" abspielt, ist lediglich jene hic et nunc gemachte Verknüpfung, die entweder als mögliche bloß Hypothese bleibt oder notwendig ist, wenn keine andere Verknüpfung möglich ist. Sie kann aber — mit Bezug auf das Neumannsche Beispiel — nicht besagen, daß wir uns in uns einen bloßen Begriff, eine reine Idee bilden und durch diese reine Idee an einem außer uns befindlichen Körper Rotation, Zentrifugalbeschleunigung und Abplattung hervorbringen können.

---

[1]) Lange, Gesch. Entw., S. 113.
[2]) Neumann, Über die Prinzipien, S. 27 f.
[3]) Bei Lange steht „Konstitution", was wohl ein Druckfehler ist.

An einer anderen Stelle¹), die ich noch anführe, um die oben besprochene nicht als isoliert erscheinen zu lassen, bemerkt Lange gegen Berkeleys Einwand, die Kreisbewegung der beiden miteinander verbundenen und isolierten Kugeln Newtons²) sei unvorstellbar: „Wir können den objektiven absoluten Raum leugnen, ohne unsere subjektive Raumanschauung zu verleugnen. Wenn wir uns mit ihrer Hilfe ein Koordinatensystem vorstellen und die Spannung des Fadens beachten, so werden wir mit Bestimmtheit eine Kreisbewegung des Kugelpaares zu diesem gedachten Inertialsystem konstatieren." Aber einmal soll die Bewegung nicht bloß vorstellbar sein, sondern auch dynamische Konsequenzen haben; die kann sie aber nicht durch ein „Koordinatensystem in unserer subjektiven Raumanschauung" haben, wenn nicht die Körper ebenfalls nur in der subjektiven Raumanschauung existieren — nicht als Fiktion, sondern als Realitäten, wo der ganze Realitätscharakter in der Subjektivität besteht. Und fürs zweite müßten in diesem letzteren Falle die dynamischen Konsequenzen mit der subjektiven Raumanschauung notwendig naturgesetzlich, von uns unabhängig funktional verbunden sein, weil wir eben nie Körpern, gleichgültig, welche Realitätsstufe sie besitzen, beliebig Kräfte beilegen können. Die Naturgesetze sind zwar gewiß von uns — wenn man will, zu ökonomischen Zwecken — gemachte Formeln, aber die in ihnen ausgedrückten funktionalen Verknüpfungen realisieren sich in der konkreten Wirklichkeit unabhängig von uns. Wir können uns noch so intensiv die reine Idee von einer in unserem Zimmer herrschenden Temperatur unter dem Gefrierpunkte machen, wir bringen auf Grund des Satzes, daß die Erklärungen der Dinge sich in uns abspielen, unser Thermometer nicht unter Null und unser Wasser nicht zum Gefrieren. Sicherlich will Lange derartige mehr als sonderbare Dinge auch gar nicht behaupten; er wird vielmehr zustimmen, wenn wir sagen, daß die Erscheinung und das, wodurch sie eben Erscheinung wird, von derselben Realitätsstufe sein müssen, wobei die Bestimmung dieser Stufe von dem jeweiligen erkenntnistheoretischen Standpunkte abhängt. Es folgt dann aus Langes Worten über die Inertialdrehung des

---

¹) Lange, Gesch. Entw., S. 82.
²) Newton, Math. Prinzipien, S. 31.

Sternes, daß das Inertialsystem dieselbe Realitätsstufe besitzen muß, wie die Ausdehnung, die Rotation, die Zentrifugalbeschleunigungen und die Abplattung jenes Körpers.

26. b) Um den zweiten Satz vollständig zu sichern, ist noch zu beweisen, daß überhaupt eine Inertialdrehung oder Inertialruhe des Neumannschen Körpers, wie wir ihn kurz nennen wollen, angenommen werden muß, daß also die Neumannsche Fiktion gegenüber der bloßen phoronomischen Relativität zu Recht besteht. Indem also das Folgende zeigt, daß der Langesche Standpunkt notwendig gefordert wird, stellt es einen geschlosseneren und sichereren Beweis für die Unzulänglichkeit des in (III) besprochenen Machschen Standpunktes dar, als es die dort gegebenen Beweise wegen der im Machschen Gedankensystem vereinigten heterogenen Elemente und wegen des unvermeidlichen Hineinspielens erkenntnistheoretischer Momente sein konnten. Wir zerlegen den Beweis wieder in zwei Teile.

α) Zunächst untersuchen wir die Einwände, die gegen die Fiktion erhoben worden sind, und zeigen positiv, wie die Fiktion durch zwei andere Betrachtungen von demselben Werte ersetzt werden kann, gegen die jene Einwände nicht mehr gelten. Die Einwände stammen von Lange, Mach und Stallo; alle übrigen sind bloß gleiche oder ähnliche Reproduktionen derselben Gedanken.

27. Lange bemerkt[1]), daß die Ruhe des Neumannschen Körpers für einen konsequenten Relativisten gerade so bestreitbar wäre wie seine Bewegung. Wird dieser Einwand für eine Widerlegung gehalten in dem Sinne, daß das Gegenteil damit erwiesen sein soll, so ist offenbar die Relativität schon vorausgesetzt. Lange will auch nur zeigen, daß die Dinge nicht ausschließlich so, wie Neumann es tut, sich anschauen lassen, sondern gerade so gut auch vom relativistischen Standpunkte, ohne daß er damit zwischen den beiden Standpunkten entscheiden will.

28. Mach meint erstens[2]), Neumann mache eine „an sich sinnlose Annahme". Da Mach nicht genauer erklärt, warum die Annahme „an sich sinnlos" ist, darf man wohl diesen Einwand

---

[1]) Lange, Gesch. Entw., S. 113.
[2]) Mach, Mechanik, S. 300.

beiseite legen. An zweiter Stelle sagt er zunächst[1]), Neumann mache von der gewiß sehr fruchtbaren Methode des Gedankenexperimentes einen gar zu freien Gebrauch, da man im Gedankenexperiment nur „unwesentliche Umstände" modifizieren dürfe. Es wird mitunter Geschmackssache sein und jedenfalls von dem theoretischen Standpunkte des Beurteilers abhängen, welche Umstände man als unwesentlich ansieht. Ist vielleicht die Modifikation der Umstände, durch die man den Carnotschen Kreisprozeß theoretisch möglich macht, unwesentlich? Wäre dieser Prozeß realisierbar, dann hätten wir umkehrbare physikalische Prozesse, damit auch unendlich langsam verlaufende Prozesse und überhaupt eine ganz andere Physik. Und doch bringt Mach unbedenklich diesen Prozeß[2]). Mach stützt indes die Behauptung von den nicht „unwesentlichen Umständen" durch die andere, es dürfe nicht von vornherein angenommen werden, daß die Welt einflußlos sei. Hier muß man wie bei Lange sagen: Das ist eine Betrachtung von anderem Standpunkte aus, aber keine Entscheidung zwischen zwei Standpunkten.

29. Stallo hat den schärfsten Ausdruck gefunden. Er schreibt[3]): „In erster Linie würde die Vernichtung aller Körper bis auf einen nicht nur die **Bewegung** dieses einen zurückbleibenden Körpers zerstören und ihn zur Ruhe bringen, wie Professor Neumann bemerkt, sondern sie würde auch seine wahre **Existenz** zerstören und in ein Nichts verwandeln, was er nicht sieht. Ein Körper vermag das System von Beziehungen, in denen allein sein Sein besteht, nicht zu überleben; seine **Anwesenheit** oder **Lage im Raum** ist ohne Beziehung auf andere Körper nicht mehr möglich, als es die **Veränderung der Lage** oder **Gegenwart** ohne solche Bezugnahme ist." Wir ordnen diese Gedanken wie folgt. Erste Behauptung Stallos: Die Veränderung der Lage oder Gegenwart eines Körpers im Raum ist ohne Bezugnahme auf andere Körper unmöglich. Entweder ist das nur ungenau ausgedrückt oder aber Stallo setzt schon das, was er beweisen, oder die Unrichtigkeit dessen, was er widerlegen

---

[1]) Mach, a. a. O., S. 301.
[2]) Mach, Prinzipien der Wärmelehre, 2. Aufl., S. 218 ff. Leipzig 1900.
[3]) Stallo, Die Begriffe und Theorien der modernen Physik. Deutsch von Kleinpeter, S. 205. Leipzig 1901.

will, voraus; denn der Satz muß richtig heißen: Wir können keine Veränderung ohne eine solche Bezugnahme beobachten und messen. Zweite Behauptung Stallos: Aus der ersten Behauptung folgt, daß auch die Anwesenheit oder Lage im Raum ohne eine solche Bezugnahme nicht möglich ist. Aber diese Konsequenz ist nur richtig, wenn schon im ersten Satze das zu Beweisende vorausgesetzt ist; sie läßt sich nicht aus der richtigen Formulierung der ersten Behauptung ableiten. Dritte Behauptung Stallos: Ein Körper ist nur ein System von Beziehungen. Aus diesem allgemeinen Satze folgt die Vernichtung des Neumannschen Körpers nur dann, wenn schon anderweitig bewiesen ist, daß die Anwesenheit im Raum nur eine Beziehung ist; denn es wäre doch denkbar, daß der Satz für diesen Fall eine Ausnahme erlitte.

Obgleich sich eine weitere Beschäftigung mit der Philosophie Stallos kaum lohnen wird, seien doch zu jenem allgemeinen Satze noch zwei Bemerkungen gemacht. Erstens ist dadurch, daß der Körper als ein System von Beziehungen dargetan ist, die erkenntnistheoretische Frage nach dem Realitätscharakter dieses Beziehungssystems noch lange nicht gelöst; von dieser Lösung würde aber die Richtigkeit des Stalloschen Schlusses aus der dritten Behauptung auch abhängen. Ist es zweitens nicht eine merkwürdige Logik, Beziehungen zu setzen, ohne Realitäten irgendwelchen Charakters, zwischen denen die Beziehungen bestehen? Gewiß sind Beziehungen auch zwischen Beziehungen möglich; aber diese Reihe kann nicht ins Unendliche fortgehen, weil dann entweder der Begriff Beziehung sinnlos wird (denn wir können immer nur von Bezogenem auf Beziehungen kommen) oder in den Ding- oder Eigenschaftsbegriff übergeht. Diese ganze Auffassung, die übrigens, wenn sie nicht rein suggestiv entstanden ist, lehrt, wie tief Stallo in der Metaphysik steckt, während er sie mit Händen und Füßen von sich abwehrt, ist der Schatten des tieferen Gedankens, den Lotze in seiner Metaphysik des Seins durchgeführt hat.

30. Wir haben bis jetzt gesehen, daß die Einwände von Lange, Mach und Stallo entweder die Gültigkeit der Neumannschen Fiktion bezweifeln oder sich auf den Standpunkt der phoronomischen Relativität stellen, für den der Neumannsche Schluß nicht zwingend ist, ohne daß der Schluß damit als unrichtig nachgewiesen wäre. Es lassen sich nun zwei Betrachtungen beibringen, die dasselbe leisten wie die Betrachtung des Neumannschen isolierten Sternes, gegen die aber die Einwände von Mach und Stallo nicht mehr erhoben werden können.

Die erste Betrachtung stützt sich auf die moderne Astronomie. Die Astronomie hat heute mit großer Wahrscheinlichkeit dargetan[1]), daß alle Körper im Weltraum, wenigstens alle mit irgendwelchen Instrumenten mittelbar oder unmittelbar konstatierbaren, zu einem einzigen endlichen System gehören. Die Grenzen dieses Systems lassen sich natürlich höchstens mit einem unteren oder oberen Werte angeben, der uns aber hier gleichgültig sein kann. Die Gestalt des Systems ist die eines stark abgeplatteten Rotationskörpers, dessen Äquatorebene durch die Milchstraße geht und in dessen Zentrum wir uns ungefähr befinden; natürlich wird diese spezielle Vorstellung im Verhältnis zur Wirklichkeit nur roh und angenähert richtig sein, aber die Momente, die wir für unseren Zweck nötig haben, sind an die speziellere Ausbildung der Vorstellung nicht gebunden. Die Mechanik gibt uns nun das Recht, ein derartiges System bezüglich Rotation und Translation wie einen starren Körper anzusehen. **Damit haben wir einen Neumannschen Körper ohne eine Fiktion und ohne Aufhebung von Beziehungen.**

Es ist möglich, daß in den Tiefen des Raumes noch Sternsysteme, die unserem Fixsternsystem ähnlich sind, existieren. Ihre Existenz ist eine reine Tatsachenfrage; man kann weder dafür noch dagegen etwas sagen. Wenn wir also auch die Frage, ob wir vielleicht einmal solche Systeme entdecken würden, offen lassen müssen, so läßt sich darum doch kein apriorischer Beweis dagegen anführen, daß sie nicht existieren. Und dies genügt, um die Brauchbarkeit unserer Betrachtung zu sichern.

---

[1]) Vgl. Seeliger, Betrachtungen über die räumliche Verteilung der Fixsterne. Abhandl. d. Kgl. Bayer. Akad. d. Wissensch., II. Kl. (3) **19**, 569 ff.; Newcomb-Engelmanns Pop. Astronomie, 3. Aufl., S. 609 ff., Leipzig 1905; Kobold, Bau des Fixsternsystems, 3. Abschnitt, Braunschweig 1906. In möglichst leicht verständlicher Form sind die schwierigen Betrachtungen, die die Astronomie zu diesen Resultaten geführt haben, in einem Buche des bekannten Biologen A. R. Wallace zu finden: Des Menschen Stellung im Weltall. Deutsch von Heinemann, Kap. VII u. VIII. Berlin.

Unser System hat nun ferner folgende Eigentümlichkeiten. Sein Durchmesser ist, wie schon bemerkt, in der Ebene der Milchstraße am größten. Die Sterndichtigkeit hat gleichfalls in der Ebene der Milchstraße den größten Wert und nimmt im allgemeinen mit wachsender galaktischer Breite ab. Die Verteilung der Nebel am Himmelsgewölbe ist mit ziemlicher Annäherung fast das Gegenstück zu dieser Verteilung der Sterne (wozu auch die Sternhaufen zu rechnen sind). Das Maximum der Sterndichte liegt verhältnismäßig nahe am Zentrum der Äquatorebene, und von hier gehen vermutlich spiralförmig mehrere Sternströme aus, so daß das ganze System, aus entsprechender Entfernung betrachtet, etwa den Eindruck eines Spiralnebels machen würde. Die Astronomen haben sich diese Erscheinungen durch eine Rotation um eine durch das Zentrum gehende und auf der galaktischen Ebene senkrechte Achse gedeutet; durch die bei einer Rotation auftretenden Zentrifugalkräfte würde in der Tat die Verteilung der Dichte, wie sie vorliegt, ihre Erklärung finden. Damit hätten wir also auch einen **Neumann**schen Körper mit Rotation, Zentrifugalkraft und Abplattung [1]).

Mach könnte sich gegen die Zulässigkeit dieser astronomischen Hypothese allenfalls auf seinen Satz berufen [2]): „Dreht sich ein Körper relativ gegen den **Fixsternhimmel**, so treten Fliehkräfte auf, dreht er sich relativ gegen einen anderen Körper, nicht aber gegen den Fixsternhimmel, so fehlen die Fliehkräfte", und sagen, man dürfe also von Drehung und Fliehkräften bei dem

---

[1]) Wie die Rotation entstanden ist, ist eine Frage, die uns hier insofern angeht, als sie gegen die obige Betrachtung als Schwierigkeit angeführt werden könnte; denn für den Fall, daß das System als einziges im Weltraum postuliert wird, kann es natürlich nicht durch seine eigene innere Energie in Rotation geraten sein. Trotzdem ist aber auch in diesem Falle die Entstehung von Rotation möglich, weil, wie man heute weiß (77), die Energieabgabe den Charakter einer Massenabgabe besitzt, so daß die Strahlungsmasse als zweites System in Betracht kommt. Denken wir uns unser System in irgend einem primitiven und jedenfalls unregelmäßig begrenzten Anfangszustand, so wäre es aufs höchste unwahrscheinlich, daß sich die nicht nach dem Schwerpunkt hin oder von ihm ab gerichteten Komponenten des Strahlungsdruckes genau kompensierten. Würden sie das aber nicht tun, so wäre damit ein tangentialer Antrieb gegeben.

[2]) **Mach**, Mechanik, S. 252.

ganzen System nicht mehr reden. Aber zunächst ist der Satz, wie Mach selber sagt, nur eine vorläufige Annahme und muß die Frage offen lassen, ob der Fixsternhimmel das letzte Bezugssystem ist. Dann haben aber auch die Astronomen gute Gründe für ihre Hypothese; denn einmal kennen wir in der Erfahrung Zentrifugalkräfte, und fürs andere gilt das Prinzip, daß wir analoge Erscheinungen auch auf analoge Weise erklären dürfen, so lange nicht ausdrücklich die Analogie als falsch nachgewiesen ist. Wir sollen nicht die Wirklichkeit nach unserer Annahme konstruieren, sondern unsere Annahmen nach der Wirklichkeit richten. Erweist sich zufolge einer, wenn auch nur begründet-hypothetischen, Erweiterung unseres Erfahrungsbestandes eine Annahme als zu eng, so müssen wir sie erweitern; es wäre aber ein an die schlimmsten Zeiten der Scholastik erinnernder Weg, wenn man die Erweiterung des Erfahrungsbestandes auf Grund der Annahme als unmöglich hinstellen wollte.

31. Die zweite Betrachtung stammt von Neumann[1]), sie ist nur fast gar nicht bekannt. Wir betrachten zwei Weltkörper, die relativ zum Fixsternhimmel um ihren Systemsschwerpunkt revolvieren, also etwa Erde und Mond. Wir sind alle überzeugt, daß Erde und Mond so gut wie alle Glieder unseres Sonnensystems auf absehbare Zeiten hin ihre Bahnen beibehalten. Nehmen wir nun einmal an, es verschwänden alle übrigen Weltkörper bis auf Erde und Mond, dann kommt offenbar, vom phoronomischen Relativitätsstandpunkte aus gesehen, die tangentiale Komponente der Revolutionsbewegung in Wegfall, während die radiale bleibt, weil sie ja nur von den gegenseitigen Beziehungen von Erde und Mond abhängt. Erde und Mond müßten daher nach relativ kurzer Zeit aufeinanderstürzen. Gegen diese Betrachtung gilt Stallos Einwand nicht mehr, denn es ist, wenn man die Körper als Systeme von Beziehungen faßt, offensichtlich gleichgültig, ob 2 oder $2+n$ Körper existieren. Auch Machs Haupteinwand ist gegenstandslos geworden, weil der von ihm gestellten Bedingung, daß die Welt auf die Bewegung von Einfluß sei, in der obigen Betrachtung Rechnung getragen ist; einen Einfluß auf die rein phoronomischen gegenseitigen Bewegungen nimmt ja auch Mach nicht an.

---

[1]) Neumann, Über die Prinzipien, S. 28.

32. Was uns die Ausführungen von (27) bis (31) gelehrt haben, ist dies: 1. Es läßt sich entweder auf Grund einer Fiktion, gegen deren Zulässigkeit kein Zweifel erhoben werden kann, oder auf Grund von Resultaten, die uns die moderne Astronomie an die Hand gibt, ein Neumannscher Körper konstruieren. 2. In bezug auf Ruhe, Drehungen oder Translationen dieses Körpers läßt sich, rein phoronomisch betrachtet, weder vom Standpunkte der Relativisten noch von dem der Absolutisten etwas beweisen; es läßt sich lediglich zeigen, daß die Entscheidung für einen dieser Standpunkte schon seine Richtigkeit voraussetzt, daß sich also die Dinge unter beiden Gesichtspunkten auffassen lassen.

33. β) Nun ist der zweite Schritt zum Beweise des in (26) aufgestellten Ergänzungssatzes leicht getan. Wenn wir keine Inertialruhe oder Inertialbewegung des Neumannschen Körpers annehmen, so folgt vom Standpunkte der phoronomischen Relativität aus die Äquivalenz der geometrischen und dynamischen Beziehungen. Da diese Äquivalenz aber falsch ist, sind wir gezwungen, den Neumannschen Körper auf ein Inertialsystem zu beziehen.

Damit ist dann auch unser zweiter Satz (24) vollständig bewiesen.

34. 3. **Das ideale Inertialsystem ist der absolute Raum**[1]). Dieser dritte Satz, der rein phoronomisch-dynamisch verstanden werden muß, folgt unmittelbar aus dem zweiten. Wenn wir nämlich für einen Neumannschen Körper ein Inertialsystem annehmen müssen, so folgt daraus, daß der Raum phoronomisch-dynamisch in einer Weise orientiert sein muß, die von allen Massen des Fixsternsystems unabhängig ist, natürlich auch von der Masse des Körpers selber. Das ist aber der Begriff des absoluten Raumes, wie wir ihn in (3) festgestellt haben; es läßt sich nicht sagen, welche anderen Eigenschaften der absolute Raum, vom Standpunkte der Mechanik gesehen, noch besitzen sollte. Die Behauptung der Existenz

---

[1]) Nachdem die vorliegende Arbeit längst geschrieben war, erschien der Aufsatz von Georg Hamel „Über Raum, Zeit und Kraft als apriorische Formen der Mechanik" (Jahresbericht der deutschen Mathematiker-Vereinigung 1909, 18), der (S. 363) auch zu dem obigen Resultat kommt. Nur scheint mir seine Auffassung des a priori nicht einwandfrei zu sein.

eines absoluten Raumes bedeutet: Der Raum ist so orientiert, daß er die Eigenschaften des idealen Inertialsystems besitzt. Die Realität des Inertialsystems, von der wir vorhin sprachen, besteht also, wie wir jetzt auch sagen können, in der Orientierung des Raumes.

35. Es mag für die Richtigkeit unserer Überlegungen sprechen, wenn wir noch sehen, wie Lange selber der Zusammenhang zwischen den Begriffen des absoluten Raumes und des idealen Inertialsystems als eine gewisse Verwandtschaft aufgefallen ist, die übrigens auch schon darin bei ihm angedeutet liegt, daß er den absoluten Raum durch sein System „ersetzen" will. So sagt er[1]): „Rein geometrisch betrachtet, deckt sich das letztere (das baryzentrische Inertialsystem des Universums) vollständig mit Newtons absolutem Raum." An anderer Stelle[2]): „Ich selber habe mich niemals darüber getäuscht, daß der physikalische Kern des Begriffes des Inertialsystems nicht mein geistiges Eigentum, sondern das des großen Briten ist." Und wenn er einen Satz so beginnt[3]): „Wenn nicht Newton dogmatisch seinem absoluten Raum die Eigenschaften eines Inertialsystems beigelegt hätte",... so läßt er wohl auch in den dynamischen Eigenschaften Newtons Raum mit seinem System übereinstimmen. Und wenn er endlich sogar sagt[4]): „So aber bleibt an dem Begriffe der absoluten Bewegung doch immerhin ein wertvoller Kern, bestehend in demjenigen, was er mit dem Begriffe der Inertialdrehung gemeinsam hat", so erkennt er damit strenggenommen unser Resultat an. Zwischen dem Langeschen und dem Newtonschen Begriffe besteht in der Tat ein Gegensatz, aber es ist nicht der Gegensatz des Richtigen und Falschen, des Sinnvollen und Sinnlosen, sondern der des weiteren und engeren Begriffes. Newtons Begriff des absoluten Raumes enthält den Begriff des Inertialsystems dem Inhalte nach zwar nicht explizite, aber implizite in sich[5]), dazu begreift er dann noch philosophische und mystisch-

---

[1]) Lange, Phil. Studien 20, 47.
[2]) A. a. O., S. 31.
[3]) Gesch. Entw., S. 67.
[4]) A. a. O., S. 68.
[5]) Darum können auch von den in (18) genannten Autoren solche, die den absoluten Raum annehmen, wie z. B. Thomson-Tait (Handb. der theoret. Physik. Deutsch von Helmholtz und Wertheim, I₁,

theologische Momente. Sehen wir von den mystisch-theologischen als nicht wissenschaftlichen Elementen ab, so durfte Lange trotzdem von seinem phoronomisch-dynamischen Standpunkte aus den übrigbleibenden Newtonschen Begriff nicht für falsch erklären, weil der Begriff von diesem Standpunkte aus gar nicht genommen werden darf.

VI. Logik des absoluten Raumes.

36. In der logisch-physikalischen Ableitung, die durch das Vorstehende zum Abschluß gekommen ist, haben wir gesehen, daß wir die teils unbrauchbaren, teils falschen dynamischen Konsequenzen (II) des auf dem zweifellos richtigen phoronomischen Relativitätsprinzip beruhenden phoronomischen Weltbildes (I) durch die Annahme eines Inertialsystems (IV) überwinden können. Dadurch, daß sich uns zugleich der von vornherein noch denkbare andere Weg zwar als vorläufig praktisch brauchbar, aber als theoretisch ungangbar erwies (III), ist diese Annahme notwendig geworden. Da nun gewisse Eigenschaften des Inertialsystems, besonders solche in bezug auf einen Neumannschen Körper, zeigen, daß der absolute Raum in der vorläufigen Fassung (3) keine weiteren Eigenschaften besitzt als das Inertialsystem (V), so ist damit der absolute Raum als ein notwendiges Glied in einem widerspruchslosen und vollständigen System der logischen Grundlagen der Physik nachgewiesen. Wir wollen nun versuchen, seinen Charakter innerhalb der Logik der Physik noch schärfer und nach seinen verschiedenen Seiten herauszuarbeiten. Dazu verhelfen uns teils an das Vorstehende anknüpfende Überlegungen, teils eine kritische Betrachtung der ihm größtenteils zu Unrecht beigelegten Eigenschaften, die uns dann am tiefsten das Wesen seiner logischen Stellung verstehen lehren wird.

37. Es läßt sich ohne Schwierigkeit einsehen, daß es unendlich viele ohne Drehung geradlinig und gleichförmig gegeneinander fortschreitende Inertialsysteme gibt, in bezug auf die

---

200 ff., Braunschweig 1871), Tilly (vgl. Voss, Enzyklopädie der math. Wiss. IV_1, 37), C. Neumann (Festschrift, Ludwig Boltzmann gewidmet, S. 255, Leipzig 1904), die Konstruktion eines Bezugssystems in rein phoronomisch-dynamischem Sinne versuchen.

drei sich selbst überlassene und sich gegenseitig nicht beeinflussende Punkte gerade und gleichförmige Bahnen beschreiben. Welches dieser Inertialsysteme stimmt mit dem absoluten Raum überein? Die Antwort lautet: Die Frage ist falsch gestellt; denn sie setzt einen Begriff des absoluten Raumes voraus, den wir vom phoronomisch-dynamischen Standpunkte aus nicht haben dürfen. Von diesem Standpunkte aus geht der Begriff des absoluten Raumes vollkommen und restlos auf in dem Begriff des Inertialsystems mit seiner scheinbaren Vieldeutigkeit. Will man diese scheinbare Vieldeutigkeit formell vermeiden, so kann man eines der ∞^9 Inertialsysteme für den absoluten Raum erklären — welches, ist gleichgültig. Dann sind die anderen Inertialsysteme geradlinig und gleichförmig im absoluten Raum bewegte Relativsysteme. Erklärt man ein anderes als das beliebig gewählte für den absoluten Raum, so ändert sich die Orientierung des Raumes nicht, sondern ändern sich nur die Koordinatenwerte. Keines der unendlich vielen möglichen Inertialsysteme ist nach unserem ersten Satz über das Inertialsystem (23) vor den anderen ausgezeichnet, so daß die Wahl ins Belieben gestellt ist. Wir sehen jetzt das Verdienst Langes deutlicher: Er bestimmte den Begriff des absoluten Raumes so, daß er phoronomisch-dynamisch einen Sinn hatte und brauchbar wurde. Sein Verdienst ist die klarste, rücksichtsloseste und konsequenteste Vertretung des phoronomisch-dynamischen Standpunktes; darin liegt der Wert seiner Arbeit, darin liegen aber auch ihre Grenzen. Er mußte notwendig die Willkür in der Wahl eines Inertialsystems mit aufnehmen, weil das Trägheitsprinzip für alle Systeme gilt, sobald es für eines gilt, so daß phoronomisch-dynamisch alle äquivalent sind. Rein mechanisch kann man dieser Willkür, eben auf Grund dieses Satzes vom Trägheitsprinzip, kein Ende machen und braucht es auch nicht, weil man keine weitere Eigenschaft des Inertialsystems als die früher festgesetzten nötig hat, und darf es auch nicht, weil man damit in den reinen, in sich widerspruchslosen und konsequenten phoronomisch-dynamischen Standpunkt ein ihm fremdes Element hineinnähme.

Die Willkür bleibt so lange bestehen, bis dem absoluten Raum physikalische Bedeutung, d. h. physikalische Eigenschaften beigelegt werden. Wir verstehen hier den Begriff der physikalischen Eigenschaft in dem weiteren Sinne, daß wir dem Raum nicht erst solche Eigenschaften durch die Hypothese beilegen, die im zweiten Teile besprochen wird, sondern schon dann, wenn wir ihm einen von dem Realitätscharakter der Körper unabhängigen Realitätscharakter zuschreiben. Sobald wir das tun, wird **eines der unendlich vielen Inertialsysteme das physikalisch verstandene Inertialsystem.** Die Strukturlosigkeit, Homogeneität und Unendlichkeit eines solchen Raumes — die letztere Eigenschaft müssen wir denken, solange wir den Raum euklidisch nehmen — würden kein Einwurf gegen die Möglichkeit einer rein theoretischen Festlegung eines Inertialsystems in bezug auf den Raum bedeuten, da ja nur die allerdings unmögliche praktische Festlegung an Inhomogeneitäten oder Grenzen orientiert sein müßte. Ein bestimmter Volumteil eines solchen Raumes, etwa der Würfel n_1^3, den wir in Gedanken gleichsam ausschneiden dürfen, weil der Raum ja nach der Voraussetzung unabhängig von den Dingen, also als ausgedehnte physikalische Realität existieren soll, hat eben deshalb einen bestimmten, mit dem Inhalt keines anderen Würfels identischen Inhalt und also in dieser Realität einen bestimmten Platz; die drei in einer seiner Ecken zusammenstoßenden Kanten würden ein Inertialsystem darstellen. Auch dann gilt natürlich das Trägheitsprinzip für jedes gegen das Inertialsystem gleichförmig und geradlinig bewegte System, so daß wir, selbst wenn wir dem Raum physikalische Eigenschaften beilegen, phoronomisch-dynamisch keine Möglichkeit haben, darüber zu entscheiden, ob das tatsächlich festgelegte Inertialsystem nicht doch noch absolut bewegt ist; die ideale Laplacesche Ebene kann, wie es implizite schon in unserem ersten Satz (23) liegt, im absoluten Raum, den Begriff physikalisch verstanden, noch geradlinige und gleichförmige Translation besitzen. Es kam hier nur darauf an, zu zeigen, **daß wir bei einem derartigen physikalischen Raum von Ruhe und Bewegung gegen den Raum sprechen dürfen, auch wenn wir niemals etwas über diese Scheidung erfahren.**

Wir erkennen also, **daß man in der Theorie der logischen Grundlagen der Physik zwei Begriffe des absoluten Raumes unterscheiden muß, den phoronomisch-dynamischen und den physikalischen.** Der phoronomisch-dynamische absolute Raum hat die Eigenschaften eines beliebigen der unendlich vielen Inertialsysteme, der physikalische absolute

Raum ist orientiert durch ein bestimmtes dieser Inertialsysteme. Der letztere Begriff ist der inhaltreichere, weil er offensichtlich die Möglichkeit der phoronomisch-dynamischen Konstruktion in sich enthält. Die Begriffe sind so verbunden, daß man wohl vom zweiten auf den ersten, aber nicht unmittelbar vom ersten auf den zweiten kommen kann; nur wenn man dem Raum einen vom Realitätscharakter der Körper unabhängigen Realitätscharakter zulegt, geht nach (33) der phoronomisch-dynamische Begriff notwendig in den physikalischen über.

38. Es ist wichtig, darauf zu achten, daß bei der im vorhergehenden grundgelegten Bestimmung des Begriffes der absoluten Bewegung das phoronomische Realitätsprinzip durchaus nicht aufgehoben wird, nicht nur nicht für die tatsächlichen Bewegungen, sondern auch rein begrifflich nicht, **weil die absolute Bewegung im obigen Sinne auch eine Relativbewegung ist**[1]), eben eine Relativbewegung bezogen auf den absolut orientierten Raum; sie ist also phoronomisch durch nichts vor den anderen Bewegungen ausgezeichnet.

39. Teils bei Lange, teils bei anderen finden sich Charakteristiken des absoluten Raumes, die gegen die Zulässigkeit des Begriffes gerichtet sind, die uns deshalb Gelegenheit bieten mögen, zugleich mit der kritischen Zurückweisung der irrigen Vorstellungen den logischen Charakter des absoluten Raumes am klarsten herauszustellen.

1. Lange macht dem Newtonschen Raum den Vorwurf, daß er „transzendent real"[2]), d. h. ein über jede Erfahrung hinausliegendes Etwas sei. Die „Realität" hat ihn nicht zu diesem Vorwurf veranlaßt; denn er läßt sonst jeden Bezugsraum gelten, ob er „materiell oder ob er immateriell und ein bloß vorgestellter idealer ist", gibt also damit die Möglichkeit realer, d. i. im Sinne Langes objektiver Räume zu. Auf den Widerspruch, in den er sich damit verwickelt, sei nur hingewiesen; wenn man einen objektiven Raum und insbesondere sogar einen materiellen annimmt, dann nimmt man damit offenbar auch absolute Bewegung an, weil

---

[1]) Diese Wahrheit, die trotz ihrer Einfachheit viele Mißverständnisse aufklären kann, haben nur sehr wenige (wie z. B. Cassirer, Substanzbegriff und Funktionsbegriff, S. 229. Berlin 1910) erkannt.

[2]) Lange, Gesch. Entw., S. 124 und öfters.

die Bewegung in diesem Falle eine Veränderung objektiver Orte ist. Der Nachdruck liegt bei Lange auf dem Begriffe „transzendent" [1]. In dem Widerwillen gegen diesen Begriff spielt bei Lange — unbewußt, wie wir gern glauben wollen — ein Motiv eine Rolle, die es allein schon bei einem Historiker des Bewegungsbegriffes nicht spielen dürfte, nämlich die Abneigung des modernen Naturforschers gegen die mystisch-theologische Auffassung Newtons vom Raum [2]), und die Art und Weise, wie er fast auf jeder Seite seinem Grauen vor den „Transzendierungstendenzen" Ausdruck verleiht, wird sich wohl auch aus dem Wirken dieses Motivs heraus erklären. Daß nun diese Newtonsche Naturanschauung nur sekundär mit dem Begriffe des absoluten Raumes verbunden ist, beweist schon der Umstand, daß die späteren Vertreter dieses Begriffes sie größtenteils nicht besaßen. Und dann hätte eine einfache Überlegung belehren können, daß sich aus Newtons Anschauung ein philosophischer Kern, die Idee eines objektiv-realen Raumes, loslösen läßt, auf der philosophisch Newtons Trägheitsprinzip beruht. Transzendent ist zwar Newtons Raum, aber nicht wegen des mystisch-theistischen Charakters.

Wir wollen nun nicht näher im allgemeinen untersuchen, inwiefern die Transzendenz einen Vorwurf bedeutet und inwieweit die Annahme des Transzendenten auch für den Naturforscher Berechtigung besitzt. Es genügen vielmehr für unseren Zweck zwei Überlegungen. Fürs erste trifft offenbar der Vorwurf der Transzendenz — wenn er einer ist — den phoronomisch-dynamischen absoluten Raum nicht, weil er sonst auch das Inertialsystem treffen würde. Es erübrigt also fürs zweite nur noch eine Untersuchung, inwieweit der physikalische absolute Raum „transzendent" ist und ob sich daraus ein Einwand gegen die

---

[1]) Wir unterscheiden Logisch-Transzendentes und Metaphysisch-Transzendentes. Das erstere ist das Transzendente auf dem erkenntnistheoretisch neutralen, das letztere das Transzendente auf einem erkenntnistheoretischen Standpunkte. In dem obigen Kapitel handelt es sich natürlich nur um das Logisch-Transzendente. Es wäre auch ein Mißverständnis, zu glauben, daß das Logisch-Transzendente des erkenntnistheoretisch neutralen Standpunktes auf bestimmten erkenntnistheoretischen Standpunkten metaphysisch-transzendent werden müßte.

[2]) Lange, Gesch. Entw., S. 52; Phil. Stud. 20, 47 und öfters.

Zulässigkeit des Begriffes entnehmen läßt. Nun ist ohne weiteres klar, daß der Begriff des physikalischen absoluten Raumes zwar eine weitergehende Bestimmung enthält, die im Begriff des phoronomisch-dynamischen absoluten Raumes nicht enthalten ist, nämlich die Ausschließung der Willkür in der Wahl eines Inertialsystems in dem früher (37) angegebenen Sinne. Man könnte aber schon darauf hinweisen, daß diese weitergehende Bestimmung den physikalischen absoluten Raum nicht transzendenter macht, als es der absolute Raum vom phoronomisch-dynamischen Standpunkte aus nach (23) und (37), und damit auch das Inertialsystem, schon ist. Indes erscheint, um den möglichen Einwänden gegen diese Auffassung die Spitze abzubrechen, eine eingehendere Untersuchung über den hier vorliegenden eigentümlichen Charakter der Transzendenz angebracht.

40. Schon Frege hat gegen den Langeschen Vorwurf der Transzendenz eingewandt [1]: „Nach Newtons Worten kann es so scheinen. Wäre aber Newtons absoluter Raum wirklich transzendent, so hätte er für die Naturerklärung die Dienste nicht leisten können, die er doch in der Tat lange Zeit geleistet hat." Hier hat Frege die richtige Auffassung, allerdings ganz unbestimmt, angeklungen. Die absolute Bewegung ist nur ihrem absoluten Werte nach transzendent, aber dieser absolute Wert steckt als Faktor in der Erfahrung jeder Relativbewegung. Die phoronomisch-dynamischen Eigenschaften des absoluten Raumes sind erstens eine notwendige Voraussetzung für das Verständnis der Erfahrung nicht nur, sondern auch für die Möglichkeit der in der Erfahrung gegebenen Relativbewegung, und zweitens auch der Empirie zugänglich, nur nicht als absolute, sondern als relative, in die die absoluten Faktoren auf eine uns unbekannte Weise aufgeteilt sind.

Beispiele dafür, daß wir unbekannte Faktoren unbedenklich gebrauchen, haben wir in der Naturwissenschaft genug. In der Physik kommt es häufig vor, daß wir Verhältnisse kennen, ohne den Wert der Faktoren angeben zu können; bis vor einigen Jahren beispielsweise noch bei dem Verhältnis e/m der elektrischen Ladung zur Masse in der Elektronentheorie. Das gleiche gilt von der Astronomie, wo wir häufig das Massenverhältnis von

---

[1] G. Frege, Zeitschr. f. Phil. und phil. Kritik **98**, 149, 1891.

Doppelsternen kennen, ohne die Massenwerte zu wissen. Der etwas andere Fall, daß wir einen Summanden, aber nicht die Summe kennen, liegt gleichfalls in der Astronomie bei der spektroskopisch festgestellen Bewegung von Sternen mit der Parallaxe 0 vor. Derartige Beispiele lassen sich häufen. Wenn man darauf erwidert, daß solche Faktoren zwar unbekannt, aber nicht unerkennbar und transzendent sind, so ist darauf mehreres zu antworten: 1. Wir sind in unserem Falle gerade deshalb noch im Vorteil gegenüber den anderen, zum Vergleich angezogenen Fällen; denn in den letzteren ändern sehr oft die unbekannten Faktoren das Resultat oder nehmen der relativen Erkenntnis den größten Wert, während in unserem Falle die absoluten Faktoren das relative Weltbild nicht im mindesten ändern. Das ist ja gerade das Eigentümliche, daß wir den absoluten Wert der absoluten Faktoren gar nicht zu kennen brauchen. 2. Der absolute Raum ist, worauf wir schon aufmerksam wurden, notwendig für die Möglichkeit der Relativerfahrung; es ist, wie wir später (Zweiter Teil, I) sehen werden, Relativbewegung ohne absolute Bewegung nicht möglich. Analog wie etwa die Notwendigkeit der Integrationskonstante schon in den Voraussetzungen der Möglichkeit der zur Differentiation inversen Operation steckt, steckt die Notwendigkeit des absoluten Raumes schon in den Voraussetzungen der Möglichkeit einer Relativbewegung.

Streng genommen dürfen wir also nicht sagen, der absolute Raum sei unerfahrbar. Erfahrbar, wenn diese Erweiterung des Begriffes erlaubt ist, ist er insofern, als er mit bestimmten Werten an jeder Relativbewegung beteiligt ist; nur nicht meßbarerfahrbar. Anstatt zu sagen, die absolute Bewegung sei unerkennbar oder unerfahrbar, werden wir sie also genauer charakterisieren müssen als **ihrem absoluten Werte nach nicht eruierbar**. Daß in einer Reihe von Fällen auch sogar die absoluten Werte fast genau erfahrbar sind, wird (50) zeigen. Damit ist denn nun auch der Vorwurf, den Lange aus dem transzendenten Charakter des Raumes ableitet, auf das richtige Maß reduziert: Der physikalische absolute Raum ist kein Begriff, zu dem man auf dem rein phoronomisch-dynamischen Wege gelangen kann, — und darin liegt offenbar kein Vorwurf mehr.

41. Die Stellung des absoluten Raumes innerhalb der Theorie der logischen Grundlagen der Physik gleicht der Stellung des

Dinges an sich in Kants Theorie der Erfahrung, wobei nur zu beachten ist, daß wir uns im ersten Falle in der erkenntnistheoretisch neutralen, im zweiten in der metaphysischen Ordnung bewegen. Der Begriff des Dinges an sich ist ein notwendiges Korrelat zu den apriorischen Formen und Begriffen. Sind Raum und Zeit und die Erkenntnisbegriffe Formen bzw. Begriffe a priori, so müssen sie, falls sie objektiv gültig sein sollen — was sie offenbar sind, sonst hätten wir keine Erfahrung — etwas formen oder sich auf etwas beziehen, das von uns unabhängig, an sich existiert. Erscheinungen sind sinnlos ohne etwas, was erscheint. So wird das Ding an sich eine objektive Bedingung der Erfahrung, weil sein Begriff ein notwendiger Abschluß der Theorie der Erfahrung ist. Darin liegt nun noch eine weitere Bestimmung des Dinges an sich beschlossen. Nach Kant ist es zwar unerkennbar. Aber dieses Wort darf nicht in dem Sinne einer absoluten Transzendenz verstanden werden. Denn einmal würde die Erfahrung nur subjektiven Charakter und Wert haben, wenn die Erscheinungen ausschließlich von apriorischen Elementen bestimmt wären. Darum nennt denn auch Kant das Ding an sich Grund der Erscheinungen und sagt von ihm[1]: „Diesem transzendentalen Objekt können wir allen Umfang und Zusammenhang unserer möglichen Wahrnehmungen zuschreiben"[2]. Spätere Untersuchungen werden uns sodann noch zeigen, wie der strenge Erfahrungsbegriff sogar eine Korrespondenz zwischen Erscheinungen und ihren objektiven Faktoren verlangt, die gestattet, aus dem Charakter der Erscheinungen auf wesentliche Züge dieser Faktoren zu schließen. Das Ding an sich ist also nicht schlechthin transzendent, sondern steckt als ein notwendiger Faktor in jeder Erscheinung, der nur unabhängig von der Relation zu uns nie rein herausgestellt werden kann.

Man wird erkennen, daß sich das Vorstehende fast wörtlich *mut. mut.* auf den absoluten Raum anwenden läßt. Der Begriff des absoluten Raumes ist eine notwendige Ergänzung zu den logisch-physikalischen Grundbegriffen. Er ist der ausgleichende und tragende Abschluß des Systems dieser Begriffe; ein widerspruchloses System derselben ist nur unter seiner Voraussetzung

---

[1] Kant, Kritik der reinen Vernunft. Ausg. Erdm., 5. Aufl., S. 404. Berlin 1900.
[2] Vgl. Anhang I.

möglich. Der Begriff ist eine zum Verständnis der logischen Grundlagen der Physik nötige Forderung; ohne ihn wäre der Versuch eines Verständnisses dieser Grundlagen sinn- und zwecklos. Gemäß dieser Auffassung ist der absolute Raum die notwendige Bedingung der relativen Bewegung. Relative Bewegung ist nur möglich durch ihn. Ein absoluter Faktor steckt in jeder Relativbewegung, er ist nur meistens nicht als solcher, d. h. in seiner absoluten Größe konstatierbar.

Bekanntlich bezeichnet man Begriffe oder Aussagen, die nicht direkt beweisbare, aber notwendige Voraussetzungen einer Erklärung oder Theorie sind, als Postulate. Nennen wir nun solche von diesen Begriffen oder Aussagen transzendierend, die nicht schlechthin transzendent sind, sondern deren Gegenstände erstens notwendige Bedingungen einer Erfahrung sind und dadurch zweitens mit einem Faktor in die Erfahrung eingehen, der nur in seiner relationslosen Unabhängigkeit von uns nicht vollständig erkennbar ist, so können wir den logischen Charakter des absoluten Raumes folgendermaßen präzisieren: **Der Begriff des absoluten Raumes — und zwar des phoronomisch-dynamischen für jeden, der dem Raum keinen von dem Realitätscharakter der Dinge unabhängigen Realitätscharakter beilegt, des physikalischen für alle anderen — ist ein nicht schlechthin transzendentes, sondern ein transzendierendes Postulat unseres Erkenntnisstrebens** [1]).

Damit erledigt sich auch die Frage, inwiefern wir berechtigt seien, das Dasein einer transzendenten Realität zu behaupten, ohne von ihren Qualitäten etwas erkennen zu können.

42. 2. Ein anderes Motiv der Abneigung gegen den Begriff des absoluten Raumes ist neben dem Schrecken vor der Trans-

---

[1]) Das ist im wesentlichen, soweit ein Vergleich bei der Verschiedenheit der logischen Grundauffassung möglich ist und wenn wir uns auf den phoronomisch-dynamischen Standpunkt beschränken, auch das Resultat, zu dem Cassirer (a. a. O., S. 241), allerdings nur auf dem Wege einer beachtenswerten, aber doch nicht in allen Punkten gesicherten Kritik der bisherigen Theorien des absoluten Raumes, gelangt. Als nicht so präzis, aber doch wohl in derselben Richtung liegend, stellt sich die Problemlösung bei Natorp (Die logischen Grundlagen der Naturwissenschaften, S. 336 f. Leipzig 1910) dar.

zendenz die Verwechselung von „absolut" mit „objektiv" und anderen Begriffen (z. B. ewig), in denen das „objektiv" enthalten ist. Es scheint fast, als ob auch Lange trotz der oben (39) angezogenen Stelle auch von diesem Motiv nicht frei ist; denn er wirft Laplace vor, er sei sich der Tragweite der Frage, ob der absolute Raum real oder ideal sei, nicht klar bewußt gewesen[1]); dann wäre jene Stelle als ein unbedacht gegebenes, zu reichliches Geschenk aufzufassen, das der Abneigung gegen das „Gespenst" der Transzendenz und Mystik zu verdanken ist. Aber die Langeschen Gefühle und Gedanken sind es weniger, die mich veranlassen, auf jene Verwechselung einzugehen, als vielmehr die Überzeugung, daß sie nach den oft kaum erkennbaren Andeutungen mancher Gelehrten[2]), besonders aber nach der persönlichen Erfahrung eine, wenn nicht die Hauptquelle für die Ablehnung des Begriffes des absoluten Raumes ist; da indes schon durch die bisherigen Ableitungen auf dem erkenntnistheoretisch-neutralen Standpunkte gezeigt wurde, wie wenig eine solche Konfundierung nötig ist, genügen wohl nur einige Worte.

Ist denn wirklich der Begriff der absoluten Bewegung mit der philosophischen Idee eines objektiven Raumes so notwendig verbunden, daß sie miteinander stehen und fallen? Gewiß, sobald man einen objektiven, etwa materiellen Raum annimmt, nimmt man auch offenbar absolute Bewegung an, d. h. Bewegung bezogen etwa auf die Materie des Raumes. Aber ist auch umgekehrt mit der absoluten Bewegung zugleich notwendig ein objektiver Raum gegeben? Ein absoluter sicher[3]), aber nicht ein objektiver. Es ist lediglich ein von historischen Momenten eingegebenes Vorurteil, wenn man diesen notwendigen Zusammenhang nach beiden Richtungen behauptet. Es kann gar nicht scharf genug betont werden, daß mit dem Begriff der absoluten Bewegung historisch der des objektiven absoluten Raumes zusammenhängt, logisch aber

---

[1]) Lange, Gesch. Entw., S. 85.

[2]) Ein ausgeprägtes Beispiel ist Duhamel (vgl. Voss, Enzykl., S. 33, Anm. 72).

[3]) Das ist gegenüber den Versuchen von Maxwell, Streintz und J. Thomson so klar, daß ein weiteres Eingehen unnötig ist (vgl. Lange, Gesch. Entw., S. 114).

nicht[1]). Absolut und objektiv sind nicht identisch. Objektiv bedeutet hier bewußtseinstranszendent. Absolut in dem Begriffe des absoluten Raumes bedeutet eine Orientierung des Raumes, die einem Neumannschen Körper Bewegung zuzuschreiben gestattet; welchen Realitätscharakter man dabei dem Raum und dem Körper erkenntnistheoretisch beilegt, ist ganz gleichgültig. Einen absoluten Raum kann es für Idealisten so gut wie für Realisten geben. Der Raum kann so orientiert sein, daß man dem Realen, das man Neumannschen Körper nennt, Bewegung beilegen darf, mag der Raum nun eine Idee, eine Vorstellung, eine apriorische Form, eine objektive Realität irgendwelcher Art sein. **Die gegebene Definition des absoluten Raumes fordert keine bestimmte Realitätsstufe des Raumes, weil die Realitätsstufe der Raummomente des Neumannschen Körpers mit der jeweiligen Realitätsstufe des absoluten Raumes identisch sein muß** (24). Das Problem des absoluten und des relativen Raumes ist erkenntnistheoretisch neutral. Sicherlich besäßen wir viel mehr Einigkeit bezüglich der Frage nach der absoluten Bewegung, wenn wir stets vor Augen hielten, daß eben die absolute Bewegung keine andere erkenntnistheoretische Ordnung des Raumes verlangt als die Relativbewegung, d. h. gar keine Einordnung des Raumes in erkenntnistheoretische Formeln, weil die absolute Bewegung im Grunde auch Relativbewegung ist. Inwiefern durch die Verschiedenheit der Begriffe des phoronomisch-dynamischen und des physikalischen absoluten Raumes eine Art erkenntnistheoretischer Scheidung eintritt, ist früher (37) dargelegt worden.

43. Lange scheint noch eine weitere unrichtige Charakterisierung zu machen[2]). Er spricht an dieser Stelle zunächst davon, daß er die „begriffliche Abstraktion des starren Raumes" für Geometrie, Phoronomie und Dynamik unentbehrlich halte, und fährt dann fort: „Etwas anderes aber als der „starre Raum" ist Newtons „absoluter Raum". Denn „starre Räume" gibt es

---

[1]) Höfler ist einer der wenigen, die auf diese Unterscheidung aufmerksam gemacht haben (Studien, S. 142 u. 146), allerdings nicht in der Schärfe und dem Umfang wie oben und überdies nur nebenher, ohne die Unterscheidung so grundlegend zu machen, wie es in der vorliegenden Arbeit geschehen ist.

[2]) Lange, Phil. Studien 20, 22 f.

unendlich viele gegeneinander bewegte; dagegen ist der „absolute Raum" nach Newtons Auffassung nur ein einzelner von diesen unzähligen starren Räumen; und so, wie ihn die Nachfolger Newtons bis heute auffassen, ist er der Gegenstand einer überflüssigen metaphysischen Dogmatik, d. h. einer transzendierenden Anlage, die nicht aufklärend, sondern lediglich verdunkelnd wirkt." In einer Anmerkung [1]) dazu heißt es dann noch: „Die unendliche Mannigfaltigkeit aller überhaupt möglichen gegeneinander bewegten schlechthin starren Räume ist zweifellos der dritten Ordnung noch um ein Unendliches überlegen."

Wenn in den vorstehenden Worten Langes nun ein Einwand gegen die Zulässigkeit des Begriffes des absoluten Raumes liegen soll, so kann er sich natürlich zunächst nur gegen den Begriff des physikalischen absoluten Raumes richten und würde kurz so lauten: Der absolute Raum ist nur ein einziger starrer Raum; es gibt aber unendlich viele starre Räume; also ist jener Begriff falsch. Gibt Lange diesen Schluß nicht zu, dann liegt selbstverständlich in der Stelle kein Vorwurf gegen den Begriff. Was ist nun ein starrer Raum? Lange bezeichnet ihn gelegentlich [2]) selber einmal als einen solchen, in dem die Lage seiner einzelnen Punkte gegeneinander unverrückbar ist. Mit Budde [3]) kann man sich den Begriff so klar machen: „In dem Koordinatensystem der x, y, z sei irgend ein zweites, bewegliches Koordinatensystem der ξ, η, ζ gegeben. Die Betrachtung der Vorgänge in beiden Systemen läuft im Grunde immer darauf hinaus, daß wir uns den Raum als die Superposition zweier Räume vorstellen, von denen der eine am System der x, y, z, der andere am System der ξ, η, ζ befestigt ist. Diese Befestigung kann man sich, ohne den Raum zu materialisieren, analytisch dadurch vorgenommen denken, daß man festsetzt: Wenn ein geometrischer Punkt des ersten Raumes die Koordinaten x, y, z hat, sollen x, y, z für ihn konstante Größen sein; ebenso wenn ein geometrischer Punkt des zweiten Raumes die Koordinaten ξ, η, ζ hat, so sollen ξ, η, ζ für ihn konstante Größen sein." Nimmt man jetzt zu dieser klaren Bestimmung

---

[1]) A. a. O., S. 68.
[2]) A. a. O., S. 33.
[3]) Budde, Allgemeine Mechanik 1, 296. Berlin 1890.

noch die Langeschen Ausdrücke „begriffliche Abstraktion", „unendlich viele gegeneinander bewegte" starre Räume, die „unendliche Mannigfaltigkeit aller überhaupt möglichen gegeneinander bewegten schlechthin starren Räume", so sieht man ohne weiteres ein, daß der Begriff des starren Raumes ein mathematischer Hilfsbegriff ist. Er widerspricht also dem Begriffe des absoluten Raumes durchaus nicht: ersterer ist eine mathematische Fiktion, letzterer — in dem speziellen hierher gehörigen Sinne — eine von der Realitätsstufe der Dinge unabhängige Realität [1]). Unser physikalischer absoluter Raum ist ein starrer Raum, aber wir geben Lange sofort zu, daß sich in dem absoluten Raum eine unendliche Mannigfaltigkeit gegeneinander bewegter starrer Räume konstruieren läßt. Ich wiederhole aber: Wenn Lange seine Aufstellungen gegen den Begriff des absoluten Raumes gemacht hat, sind sie verfehlt; mir ist seine Absicht hier nicht ganz klar.

44. 3. Nur eine kurze Bemerkung erfordert die Behauptung Petzoldts [2]), daß wir im allgemeinen eine relativistische Auffassung der absolutistischen vorzuziehen hätten; „denn eine solche ist ein getreueres Abbild der Tatsachen, kommt den wirklichen Erfahrungen im Sehraum näher". Dem halte ich nur die Feststellung in (8) entgegen, daß das ganze relativistische Weltbild eine notwendige Konsequenz des absolutistischen ist. Innerhalb des metrischen Raumes sind also beide Weltbilder genau so gleichwertig, wie ohne jede Frage innerhalb des Sehraumes.

45. Die in den Untersuchungen dieses Kapitels nach allen Seiten hin charakterisierte logische Stellung des absoluten Raumes hebt ihn aus dem historischen Streite der Relativisten und Absolutisten heraus. Auf Grund derselben schlichtet sich aber auch dieser Streit nach Analogie eines echt relativistischen Gedankens durch eine Synthese: Beide Seiten haben Berechtigung, es kommt nur auf den Standpunkt an, auf den man sich stellt; die Relativisten urteilen vom phoronomisch-dynamischen, die Absolutisten

---

[1]) Einen Beweis dafür, daß Lange diese Verwechslung, unabhängig davon, ob der starre Raum gegen den absoluten ausgespielt werden soll, begangen hat, finde ich noch in der Stelle (Gesch. Entw., S. 46): „In dem einen Raum wäre jeder Körper schlechterdings entweder bewegt oder ruhig." An und für sich wohl, aber nicht für uns, d. h. innerhalb unseres phoronomischen Weltbildes.

[2]) Petzoldt, Ann. d. N., S. 57.

vom philosophischen Standpunkte aus. Beide Seiten haben aber auch Fehler gemacht und machen sie noch immer durch eine unzulässige Erweiterung ihrer Standpunkte: Die Absolutisten haben den absoluten Raum in ihrem Sinne aus der Mechanik deduzieren und für sie nicht nur als brauchbar, sondern als notwendig dartun wollen; die Relativisten haben, selber Transzendierungstendenzen hegend, behauptet, es gebe keine absolute Bewegung, und dann die Ansicht ihrer Gegner als Transzendierungstendenzen bekämpft. Unser erster Satz (4) geht gegen den Fehler der Relativisten, unser zweiter Satz (5) gegen den der Absolutisten. Inertialsystem und absoluter Raum im historischen Sinne sind im Grund gleiche Begriffe; nur ist das eine die mathematisch-physikalische, das andere die philosophische Fassung. Auf diesem Boden könnte man sich sogar einigen, wenn man die Begriffe in ihrer historischen Ausbildung nimmt.

Wenn man aber, was man nicht bloß tun darf, sondern wegen der einseitigen Verbindung der Begriffe absolut und objektiv (42) tun muß, die historische Fassung des absoluten Raumes abstreift, so ist durch die bisherigen Ausführungen die völlige Deckung der beiden Begriffe des Inertialsystems und des absoluten Raumes vom erkenntnistheoretisch-neutralen Standpunkte aus für die Bedürfnisse der Dynamik erwiesen. Der physikalische Begriff des absoluten Raumes folgt daraus aber sofort für jeden, der seine Voraussetzung annimmt. Und damit ist ein Streit eigentlich gegenstandslos geworden.

VII. Das Trägheitsprinzip und die Trägheitswirkungen.

46. Wir fragen uns jetzt, ob durch die bisher entwickelte logisch-physikalische Theorie des absoluten Raumes neues Licht auf das Trägheitsprinzip und die Trägheitswirkungen fällt.

Zunächst ist wohl ohne weiteres einleuchtend, daß unsere Theorie nach (37) eine Scheidung in eine phoronomisch-dynamische und eine physikalische Fassung des Trägheitsprinzips notwendig macht. Die phoronomisch-dynamische Fassung ist die Langesche, worunter jedoch weniger die spezielle Ableitung Langes, als vielmehr nur die Bezugnahme auf den phoronomisch-dynamischen Raum verstanden sein soll. Es gibt nämlich ein Bedenken gegen die Langesche Ableitung, das schwerlich zerstreut werden kann. Von der Schwierigkeit, die dem Prinzip der Begriff der sich selbst überlassenen Punkte macht, wollen wir absehen; sie kann sich schließlich noch heben lassen. Aber die geradlinige Bahn eines vierten Punktes scheint sich auch nur teilweise nicht aus dem Kausalprinzip deduzieren zu lassen, sondern vermutlich steht dabei das Trägheitsprinzip schon als heimliches, unbewußtes Motiv im Hintergrund. Geben wir diesem Bedenken nach, so nimmt die Langesche Fassung denselben Charakter an wie eine geläuterte Newtonsche in der Form, wie sie etwa Neumann vertritt.

Es ist ferner unschwer einzusehen, daß das Charakteristikum der Langeschen Fassung, die Konvention, bei der Bezugnahme auf den physikalischen absoluten Raum, also in der physikalischen Fassung des Trägheitsprinzips verschwindet; denn es folgt dann aus dem Begriff des absoluten Raumes als eines orientierten, daß sich in ihm ein Bezugssystem konstruieren läßt. Das Verhältnis der beiden Raumbegriffe zu den beiden Fassungen des Trägheitsprinzips ist ein reziprokes: während der phoronomisch-dynamische absolute Raum durch die phoronomisch-dynamische Fassung des Prinzips definiert wird, definiert umgekehrt der physikalische absolute Raum erst die physikalische Fassung des Trägheitsprinzips. Wir stellen hier, wie es auch im Grunde Newton getan hat, das Trägheitsprinzip als ein Postulat hin, das dadurch verifiziert wird, daß sich bei seiner Voraussetzung in der Erfahrung kein Widerspruch ergibt. Die Gründe für diese Aufstellung sind teils axiomatischer, teils empirischer Natur, so daß das Prinzip als Postulat eine Synthese aus axiomatischem und empirischem Material darstellt. Den Anteil der Erfahrung und des Axiomatischen kann man im Anschluß an eine sonst irrige Überlegung Machs[1] wie folgt bestimmen. Erfahrungsgemäß ist, daß alle bewegungsbestimmenden Umstände (Kräfte) Beschleunigungen setzen. Wenn nun allerdings Mach daraus schließt, daß in dieser Behauptung das Trägheitsprinzip mit enthalten ist, so ist das nur richtig, wenn nur Kräfte Beschleunigungen setzen können. Diese letztere Festsetzung ist demnach das Axiomatische, das dem vorhin genannten Erfahrungsgemäßen hinzugefügt wird [2].

---

[1] Mach, Mechanik, S. 143.
[2] Höfler (Studien, S. 117) stellt den Satz: „Wo Beschleunigung ist, ist Kraft" als „physikalische Tatsache" hin, was offenbar unrichtig ist. Da er aber selber (S. 102) empirische und apriorische Momente

Natürlich ist das Trägheitsprinzip in der einen wie in der anderen Fassung insofern ein Idealprinzip, als wir die Achsen, auf die es sich bezieht, in Wirklichkeit nie genau angeben können. Praktisch kann man nach (22) und (37) das Prinzip auf ein in der Laplaceschen Ebene festliegendes System beziehen.

47. Die in einem gewissen Sinne vorhandene Unabhängigkeit des Trägheitsprinzips vom absoluten Raum (37) legt es nahe und gibt auch die Möglichkeit an die Hand, das Prinzip auf einen Ausdruck zu bringen, in dem der notwendige Zusammenhang mit der logischen Grundlegung der Physik formell aufgehoben ist. Es würde dann folgendermaßen lauten:

Ist ein Körper in bezug auf ein beliebiges Relativsystem und eine beliebige Zeitskala während des Intervalls $t'-t$ im Zustand der Ruhe oder der geradlinigen und gleichförmigen Bewegung, so behält er in bezug auf dieses Relativsystem und diese Zeitskala seinen Zustand bei, solange er und das Relativsystem unter entsprechend denselben Bedingungen stehen wie in dem Intervall $t'-t$.

Auch diese Fassung ist, wie die auf den absoluten Raum bezogene, eine Synthese aus empirischem und axiomatischem Material, nur daß noch als wesentliche Grundlage das Superpositionsprinzip hinzutritt und daß vielleicht das empirische Material etwas anders begrenzt erscheint. Unter „Bedingungen" sind gesetzmäßige funktionale Verknüpfungen verstanden. Der Fall des isolierten Körpers ist ein Spezialfall dieser Fassung, der eintritt, wenn die vektorischen Wirkungen dieser Verknüpfungen den Wert Null haben. Die Fassung ist also allgemeiner als die auf den absoluten Raum bezogene; dadurch drückt sich auch wieder sehr schön der früher (38) schon besprochene Umstand aus, daß die absolute Bewegung nur ein Spezialfall oder ein Grenzfall der Relativbewegung ist. Wenn das Prinzip in dieser Form nun auch rückwärts zum Inertialsystem bzw. dem absoluten Raum führt, so wird man diesen Schluß doch nur als

---

beim Trägheitsprinzip unterscheidet und das Apriorische in dem Vertrauen auf die Einfachheit der letzten Naturgesetze findet, so könnte er auf den obigen Standpunkt kommen, wenn er sich über das Apriorische in dem eben zitierten Satz Rechenschaft gäbe und den Ausdruck „physikalische Tatsache" als zu weitgehend betrachtete.

Analogieschluß ansehen dürfen, der auf dem Relativitätscharakter der Inertial- bzw. absoluten Bewegung beruht, weil sich ja das Material des Prinzips auch nur auf Relativsysteme bezieht.

48. Die von dem Trägheitsprinzip in der relativen Fassung beschriebenen Trägheitswirkungen treten innerhalb jedes Relativsystems, in bezug auf das der Körper sich gleichförmig und geradlinig bewegt, so ein, als ob dieses Relativsystem ein absolutes wäre. Da jede Wirkung das Resultat zahlreicher zusammenwirkender Faktoren ist, so teilt natürlich das relative Trägheitsprinzip das Schicksal aller physikalischen, in bezug auf analoge Wirkungen koordinierten Gesetze, daß es niemals rein zur Geltung kommt, sondern nur so weit, als es andere Faktoren möglich machen. Erhält beispielsweise eine Kugel, die in bezug auf das Koordinatensystem eines geradlinig fahrenden Eisenbahnzuges ruht (die Erde in Inertialruhe gedacht), einen Stoß, so wird sie sich, soweit es die sonstigen einwirkenden Kräfte gestatten, in bezug auf dieses System geradlinig und gleichförmig bewegen, genau so, als ob dieses System ein absolutes wäre, und die Trägheitswirkungen (z. B. hinsichtlich der kinetischen Energie) treten innerhalb des Systems genau so auf, als wenn es ein absolutes wäre. Besitzt ein Körper außer der auf ein bestimmtes System bezogenen geradlinigen Bewegung noch infolge der Bewegung dieses Systems selber eine andere geradlinige Bewegung — dieses „geradlinig" bezogen auf das zweite System, in bezug auf das sich das erste geradlinig bewegt —, so gelten auch hier die Konsequenzen des Trägheitsprinzips so, als wenn diese zweite Bewegung eine absolute wäre; unabhängig von den ersten Trägheitswirkungen treten die zweiten auf, die sich natürlich mit den ersten superponieren.

49. Budde hat[1]) die Frage, ob das Trägheitsprinzip (in der Galileischen oder Newtonschen Form) in jedem beliebigen Koordinatensystem gilt, durch folgendes einfache Experiment beantwortet: „Wir setzen eine glatte, horizontale Scheibe auf eine vertikale Achse, lassen sie um diese Achse rotieren und werfen eine berußte Kugel über sie hin. An dieser Kugel ist dann die Schwere durch die Unterlage aufgehoben, also, wenn die Reibung

---

[1]) Budde, Mechanik I, S. 133.

vernachlässigt werden kann, die freie Kraft Null tätig. Denken wir uns nun in der Scheibe ein Koordinatensystem befestigt, und gälte für dieses System das Trägheitsprinzip, so müßte die Kugel in ihm mit konstanter Geschwindigkeit eine gerade Linie beschreiben, der Ruß müßte also auf dem Tisch eine gerade Linie aufzeichnen. Er zeichnet aber eine Spirale. In einem auf der Erde rotierenden Koordinatensystem gilt also das Trägheitsprinzip nicht." Dieser Beweis trifft indes, was vielleicht im ersten Augenblick nicht erkennbar ist, unsere relative Formulierung nicht, weil er sich gegen die absolute Newtonsche wendet. Im übrigen scheint er dort überflüssig zu sein, weil ja eben das Prinzip in der Newtonschen Form seinem Wesen nach nicht für jedes System gelten will. Daß aber unser Prinzip in der relativen Fassung für das in der Scheibe festgelegte Koordinatensystem bei dem Buddeschen Versuche gilt, ergibt sich daraus, daß aus ihm unmittelbar — aus der bloßen geometrischen Anschauung heraus — die Spiralform der Bahn der geworfenen Kugel folgt.

50. Jede relative Rotation ist auch eine absolute Rotation. Nur in gewissen, vereinzelten Fällen, Grenzfällen könnte man sagen, wird eine relative Rotation absolute Ruhe bedeuten; aber einmal können wir meist diese Grenzfälle nicht realisieren, z. B. den annähernden Grenzfall einer Rotation an den Erdpolen, oder der Durchgang durch die absolute Ruhe wird nur einen Augenblick dauern und dadurch nicht wahrnehmbar. Natürlich ist der absolute Charakter der relativen Rotation nicht der ganze absolute Charakter der Bewegung, sondern nur ein auf ein Relativsystem bezogener Faktor dieser Bewegung, den man aber nach dem Superpositionsprinzip abheben und gesondert betrachten darf. Nun nehmen wir zu dieser allgemeinen Überlegung noch zwei spezielle Ergebnisse hinzu, die nur kurz angedeutet seien: Erstens den früher (30) schon benutzten Umstand, daß unser Sonnensystem annähernd im Zentrum des begrenzten Fixsternsystems steht. Zweitens ein Resultat Seeligers[1]), dessen Nachweis man bei ihm lesen mag, „daß sich das im Gebrauch befindliche astronomische empirische Koordinatensystem nicht um mehr als um einige und wahrscheinlich ganz wenige Bogensekunden

---

[1]) Seeliger, Sitzungsber., S. 137.

im Jahrhundert um ein Inertialsystem drehen kann". In diesen Überlegungen und Verhältnissen hat man die Gründe, warum man endgültig die beiden folgenden Sätze — den zu Anfang schon genannten und eine Konsequenz aus ihm — so aufstellen darf, daß sie, mit einer theoretisch fast verschwindenden, praktisch gänzlich außer acht zu lassenden Änderung, für unsere Erde und das Sonnensystem gelten, und von denen der erste nur in den schon berührten Grenzfällen unrichtig ist, der zweite indes stets gilt: 1. **Jede Rotation ist absolute Rotation.** 2. **Die Zentrifugalkraft bezieht sich auf den absoluten Raum.** Tatsächlich hat die Mechanik mit der Zentrifugalkraft bisher so gerechnet, als ob jede Rotation absolut sei, und ist dabei zu keinem Irrtum gekommen; wir werden nach den eben gemachten Ausführungen diese merkwürdige Tatsache verstehen, die wohl im geheimen allen denkenden Anhängern des absoluten Raumes in der alten Form viel Kopfzerbrechen gemacht hat, weil sie für die Richtigkeit der Annahme einer relativen Zentrifugalkraft zu sprechen schien [1]).

51. Zum Abschluß dieses Kapitels noch zwei Bemerkungen.

Erstens darf die Möglichkeit, daß es Trägheitsprinzipien von anderer Form geben könne, nicht bestritten werden; denn das Simplizitätsprinzip, das ja das Motiv für den axiomatischen Teil des Trägheitsprinzips darstellt, ist eben nur ein unser Denken methodologisch regulierendes Prinzip, kein logisches oder physikalisches Gesetz. Wir haben indes bis jetzt keinen Grund, das Trägheitsprinzip in der bekannten einfachen Form aufzugeben; es ist, um mit Poincaré zu sprechen, bequem, d. h. es paßt sich am besten den Objekten an. Speziell sei ausdrücklich hervorgehoben, daß das Prinzip insofern von dem Problem des nichteuklidischen Raumes unabhängig ist, als es bei der Annahme eines solchen Raumes nicht fallen gelassen, sondern nur den entsprechenden Verallgemeinerungen unterworfen werden muß. Denn

---

[1]) Aus dem Vorstehenden läßt sich leicht ersehen, innerhalb welcher Grenzen die scharfe Scheidung, die Streintz (Die physikalischen Grundlagen der Mechanik, Leipzig 1883) zwischen dem relativen Charakter der Translation und dem absoluten Charakter der Rotation macht, zu Recht besteht. Die Ableitung dieses Resultates bei Streintz ist natürlich verfehlt.

die Begriffe der Masse, Geschwindigkeit und Kraft sind von der Unendlichkeit der Geraden und bei endlichen Geraden von dem Parallelenaxiom unabhängig [1]).

52. An zweiter Stelle sei bemerkt, daß die relative Fassung des Trägheitsprinzips zur Einführung des Begriffs der Überordnung der praktischen Relativsysteme anregt, indem eines der von Physik und Astronomie wirklich benutzten Relativsysteme als einem zweiten übergeordnet bezeichnet wird, wenn das zweite eine aus den Gesetzen der Mechanik berechenbare Bewegung um das erstere besitzt; es braucht wohl kaum besonders betont zu werden, daß es selbstverständlich auch koordinierte Relativsysteme gibt. Nehmen wir nun die Tatsachen und Ansichten der Astronomie zu Hilfe, so kommen wir notwendig an ein letztes Relativsystem, und der Begriff des absoluten Raumes ist dann in dem Satze enthalten: Der Koordinatenanfangspunkt des höchstübergeordneten Relativsystems besitzt dieselben Eigenschaften, wie die Koordinatenanfangspunkte der Systeme niederer Ordnung. Es liegt eigentlich auch kein Grund vor, jenem Anfangspunkte Eigenschaften abstreiten zu wollen, die die übrigen Anfangspunkte besitzen, lediglich deshalb, weil jener nicht wie diese ein übergeordnetes Ortssystem hat. Das soll natürlich kein Beweis sein, sondern nur zeigen, wie sich folgerichtig eine Sache von zwei Standpunkten aus betrachten läßt. Wir können nun auch über den Anteil der absoluten Bewegung an der Relativbewegung eines Körpers folgendes festsetzen: Die Bewegung eines Körpers besitzt im allgemeinen eine um so größere Annäherung an die Bezugnahme auf einen orientierten Raum, je höher die Ordnung des Ortssystems ist, dem sie direkt oder indirekt zugeordnet ist.

---

[1]) Killing, Crelles Journal 98, 4, 1885. Es lassen sich für die nichteuklidischen Räume den obigen analoge Begriffe bilden, die im Grenzfall in die gewöhnlichen übergehen.

Zweiter Teil.
Philosophische Theorie des absoluten Raumes.

I. Die allgemein-logische Begründung des absoluten Raumes.

53. Unsere bisherigen Betrachtungen haben die Stellung des Begriffes des absoluten Raumes (und der mit ihm zusammenhängenden Begriffe) innerhalb der logischen Grundlagen der Physik nach allen Seiten hin klar zu zeichnen versucht. Indes besitzt die logische Notwendigkeit des Begriffes, zu der wir geführt wurden, nicht spezifisch physikalischen Charakter. Das Motiv, auf dem sie letzthin beruht, ist nur die spezielle Form oder Anwendung eines allgemeineren logischen Prinzips und kann darum auch zur Grundlage für eine entsprechend allgemeinere logische Rechtfertigung des Begriffs genommen werden. Diese Begründung, die wir im folgenden versuchen, darf also vom logischen Standpunkte aus als eine Verallgemeinerung des Grundgedankens der logisch-physikalischen Überlegungen angesehen werden.

Sie stützt sich erstens auf die **Charakteristik der Realität der Bewegung**[1]). Sehen wir deshalb zu, was der Begriff der Realität in diesem speziellen Falle aussagt, wodurch also die Realität der Bewegung charakterisiert ist. Wenn ich mich in meinem Zimmer schnell um meine eigene vertikale Körperachse drehe, dann besteht zwischen mir und dem Zimmer eine Relativbewegung. Höre ich mit der Drehung auf, ruhe also für einen Beobachter in bezug auf ein in dem Zimmer festgelegtes Achsensystem, so besteht doch noch für mich eine Zeitlang eine Relativbewegung zwischen dem Zimmer und mir, der sogenannte Drehschwindel, den die Psychologie für eine Bewegungstäuschung erklärt, die sich aber sinnlich nur durch die Umkehrung der Bewegungs-

---

[1]) Den Anstoß zu diesem Gedanken hat mir Bergson gegeben (Mat. u. Ged., S. 202). Ich vermag mich indes seinen Ausführungen nicht anzuschließen, weil sie mir Psychologisches, Erkenntnistheoretisches und Physikalisches zu vermengen scheinen; außerdem genügt der Gedanke der Realität allein nicht.

richtung von der zuerst besprochenen Relativbewegung unterscheidet. Worin besteht der charakteristische Unterschied zwischen den beiden Relativbewegungen, der uns nötigt, beide verschiedenen Klassen von Vorgängen zuzuordnen? Offenbar findet in dem ersten Falle eine Zustandsänderung in der Form einer Umlagerung der Massen innerhalb eines in einem der beiden Bezugskörper festliegenden Achsensystems statt, in dem zweiten Falle nicht.

Wir benutzen nun in unseren Betrachtungen ausschließlich die Klasse von Relativbewegungen, die insofern real sind, als während der Zeit, in der sie erfolgen, Zustandsänderungen in dem Relativsystem eintreten, und nennen sie, weil wegen dieser Beschränkung keine Verwechslungen zu befürchten sind, ohne weiteren Zusatz „real". Damit ist die Welt der Physik, auf die sich unser Problem bezieht, genau begrenzt. Nun ergibt sich aber noch auf Grund der Unterscheidung von Phoronomie und Dynamik eine Scheidung der Zustandsänderungen, die den Realitätscharakter definieren, in zwei Klassen. Erstens folgt aus dem Begriff einer realen Relativbewegung, die ja eine Lageänderung eines Bezugskörpers zu einem anderen bedeutet, daß eine Distanzänderung zwischen einem im allgemeinen beliebigen Punkte A des einen Bezugskörpers und einem im allgemeinen beliebigen Punkte B des anderen Bezugskörpers stattfindet. Da es nun keine rein phoronomischen Bewegungen gibt, so ist jede Relativbewegung zweitens auch mit einer dynamischen, oder allgemeiner mit einer physikalischen Zustandsänderung verknüpft. Distanzänderung und physikalische Zustandsänderung definieren den Realitätscharakter der Relativbewegung. Sie sind also beide von der gleichen Realitätsstufe, und da beide mit der Relativbewegung verbunden sind, sind sie auch unter sich funktional verbunden. Die Realität der Distanzänderung wird übrigens auch durch die physikalische Zustandsänderung definiert, während das Umgekehrte nicht der Fall ist; es gibt reale Zustandsänderungen ohne Relativbewegungen, also ohne Distanzänderungen.

54. Wir leiten noch ein Charakteristikum der realen Distanzänderung ab. Zu dem Zwecke nehmen wir zwei im allgemeinen beliebige Punkte A und B zweier in Relativbewegung befindlicher

Bezugskörper und denken sie uns ständig durch eine gerade Linie verbunden. Diese Linie besitze im Zeitmoment t die Länge a, — t und a gemessen in einem konventionellen Maße, d. h. in einem beliebigen, das, wenn einmal angenommen, stets festgehalten werden muß —, und in einem Zeitmoment t' die Länge b. Es ist also in dem Zeitintervall $t'-t$ die Distanzänderung $b-a=d$ eingetreten. Ob nun aber $d-x$, wo x eine unbekannte Zahl ist, bei A oder bei B von der Länge a genommen ist, läßt sich infolge des Relativcharakters der Bewegung nicht feststellen. Die Aufteilung von d in die Relativbewegungen von A und B ist unerkennbar.

55. Zum Fortgang unserer Überlegungen bedürfen wir an zweiter Stelle eines Prinzips. Es ist wohl eine unmittelbar einzusehende Wahrheit, daß jeder Körper bestimmte Eigenschaften, d. h. Eigenschaften mit bestimmten Werten besitzen muß. Ein Körper kann nicht Größe überhaupt, sondern muß eine bestimmte Größe haben. Er kann nicht Temperatur überhaupt, Farbe überhaupt, sondern muß eine bestimmte Temperatur, eine bestimmte Farbe besitzen. Und eine solche bestimmte Farbe kann nicht wieder beispielsweise Rot überhaupt sein, sondern dieses Rot muß in einer bestimmten Intensität und einer bestimmten Sättigung vorhanden sein. Man kann also den allgemeinen Satz aufstellen: Jede Realität ist innerhalb der Ordnung, in der sie real ist, bestimmt. Den metaphysischen Charakter dieser Realität kann jeder nach seinem erkenntnistheoretischen Standpunkte festsetzen; unser Satz ist erkenntnistheoretisch neutral. Nun können wir gewiß erstens einmal einen Wert nicht immer, vielleicht nie bestimmt numerisch ausdrücken; ob ein Tisch 1 m oder 0,99998 m lang ist, läßt sich nie sagen. Zweitens ist zweifellos das Maß und das Messen relativ. Drittens besitzt für den einen eine bestimmte Farbenqualität eine andere Intensität und Sättigung als für den anderen. Um uns von allen diesen und ähnlichen Relativitäten, die offenbar doch nichts gegen unsere Überlegung beweisen, auch formell frei zu machen, geben wir dem erkenntnistheoretisch neutralen Prinzip, das wir das Prinzip der konkreten Bestimmtheit nennen wollen, die folgende Form: Realitäten müssen innerhalb der Ordnung, in der sie real sind, in jedem Zeitmoment eindeutig bestimmte Zustände besitzen, so daß das Verhältnis zweier in einem konventionellen Maße für zwei Zeitmomente gemessener Werte eines Zustandes absolut ist[1]). Der Gegensatz zu diesem Prinzip ist die Behauptung, daß ein Zustand, mit demselben Maßstab gemessen, zu gleicher Zeit (nach derselben Skala) mehr als einen Wert besitzen kann. Diese Behauptung widerspricht offensichtlich dem Indentitätsprinzip, wonach jede Realität, gleichgültig ob Ding, Eigenschaft oder Beziehung, mit sich selbst identisch ist. Unser Prinzip ist somit eine notwendige Folgerung aus dem Identitätsprinzip. Wenn man zu dem Schlusse kommt, daß eine Qualität, von dem einen Standpunkte aus gesehen, einen Wert W_1, zu gleicher Zeit von einem anderen Standpunkte aus gesehen, einen Wert W_2 haben kann, so ist demnach diese Aussage entweder eine Konsequenz aus bestimmten, vorläufig innerhalb gewisser Grenzen willkürlichen Voraussetzungen oder sie beruht darauf, daß einer oder mehrere der Faktoren, die zur Bestimmung der Werte benutzt werden, von dem Standpunkte abhängig sind; eine unter denselben Bedingungen vorhandene gleichzeitige Verschiedenheit der Werte ist unter allen Umständen nur scheinbar. Das Prinzip der konkreten Bestimmtheit ist, in der speziellen Anwendung auf die Physik, eine notwendige Voraussetzung der Möglichkeit einer experimentellen und theoretischen Physik. Es wäre sinnlos, die Größe, Temperatur, elektrische Ladung, kinetische Energie eines Körpers messen zu wollen, wenn man nicht dabei voraussetzte, daß diese Qualitäten immer einen bestimmten, in einem konventionellen Maße ausdrückbaren Wert besitzen. Es wäre ebenso sinnlos, aus mathematischen Formeln bestimmte numerische Werte abzuleiten und sie mit der Erfahrung zu vergleichen, wenn man nicht voraussetzte, daß sich in dieser Erfahrung auch bestimmte numerische Werte vorfinden; und falls man diese Voraussetzung nicht macht, ist die Aufstellung einer Theorie weder möglich, noch hat sie einen Zweck. Das Prinzip der konkreten Bestimmtheit ist also kein heuristisches physikalisches Prinzip, wie z. B. das Energieprinzip, sondern eine notwendige, meist unbewußte Voraussetzung der Möglichkeit der physikalischen Erkenntnis; es kann wohl,

---

[1]) Anstatt „Zustand" ließe sich noch abstrakter „Parameter" sagen; doch wird das Obige genügen.

wie wir gleich sehen werden, heuristischen und philosophischen Wert besitzen [1]).

56. Wir wenden nun das Prinzip der konkreten Bestimmtheit auf unseren Satz von der Realität der Distanzänderung an. Wir haben gesehen, daß die Aufteilung von d in die Relativbewegung von A und B für uns unerkennbar ist. Aus unserem Prinzip folgt nun, daß nicht alle beliebigen Aufteilungen in demselben Zeitmoment real vorliegen können, sondern daß in jedem Zeitmoment eine einzige bestimmte Aufteilung bestehen muß, die genau so real ist, wie die mit physikalischen Zustandsänderungen verknüpfte Distanzänderung real ist.

57. Man wird von relativistischer Seite entgegnen: Dieser Schluß gilt nur für ein bestimmtes Bezugssystem; die Aufteilung wird, wenn man sie auf einen anderen Bezugskörper bezieht, anders, besitzt also doch nur relativen Charakter. Aber hier hilft das Prinzip der Superposition. Zufolge des vektoriellen Charakters der Bewegung wird die Aufteilung, wenn wir sie nicht auf das Relativsystem $A-B$ beziehen, nicht verschwinden — das allein würde schon aus der Realität der Distanzänderung folgen —, sondern es werden nur vektoriell-additive Bewegungsglieder hinzukommen. Wir dürfen deshalb auf Grund des Superpositionsprinzips die durch das Prinzip der konkreten Bestimmtheit eindeutig bestimmte reale Aufteilung in bezug auf das Relativsystem $A-B$ gesondert in Betracht ziehen und darauf logische Schlüsse und Festsetzungen aufbauen, ohne uns um die additiven Glieder zu kümmern. Natürlich dürfen wir auf Grund des Superpositionsprinzips mit demselben Recht solche Schlüsse und Fest-

---

[1]) Einen dem formulierten Prinzip verwandten Gedanken benutzen auch Petzoldt (Vierteljahrsschr. f. wissensch. Philos. 1895; Ann. d. Naturphilos. 7., 38) und Natorp (Die log. Grundl., S. 328 ff.). Da allerdings das „Gesetz der Eindeutigkeit" von dem „Prinzip der konkreten Bestimmtheit" dem Inhalt und logischen Charakter nach verschieden ist, wird naturgemäß schon für den erkenntnistheoretisch neutralen Standpunkt die logische Charakterisierung des absoluten Raumes bei den genannten Autoren anders als die hier vorgetragene, und sicherlich erst auf dem ihnen eigenen erkenntnistheoretischen Standpunkte. Vielleicht läßt sich das Prinzip der konkreten Bestimmtheit dennoch als ein Spezialfall des Eindeutigkeitsprinzips fassen.

setzungen auch auf die durch die anderen Relativsysteme bestimmten additiven Glieder ausdehnen; sie sind genau so real und mit physikalischen Zustandsänderungen verknüpft wie die ursprünglich betrachteten[1]). Die ganze Welt zerlegt sich also nach dem Superpositionsprinzip phoronomisch in eine Summe von Relativsystemen, mit denen reale Distanzänderungen und reale physikalische Zustandsänderungen verbunden sind. Die Bestimmung der Größe dieser Summe wäre unter den drei Voraussetzungen, daß wir uns 1. auf die Weltkörper beschränkten, 2. die Weltkörper als Punkte ansähen und daß 3. die Anzahl dieser Punkte bekannt wäre, eine einfache Aufgabe der Kombinationsrechnung.

58. Wir bezeichnen nun die Bewegung der Punkte A und B, die die reale bestimmte Aufteilung von d herbeiführt, als absolute Bewegung. Absolute Bewegung ist demnach eine auf Grund des Prinzips der konkreten Bestimmtheit definierte reale Bewegung. Absolut ist die Aufteilung deshalb, weil sie innerhalb des betrachteten Systems $A - B$ durch dieses Prinzip eindeutig bestimmt ist und als diese eindeutig bestimmte Aufteilung in die Bewegungen jedes Relativsystems, dessen einer Bezugskörper A oder B ist, eingeht. Wir nehmen z. B. einmal an, die Punkte A, B, C lägen auf einer geraden Linie. In dem Zeitintervall $t' - t$ finde zwischen A und B die relative Distanzänderung $- d$ statt, die sich zufolge der Absolutheit so aufteilt, daß auf jeden Punkt $- d/2$ kommt. In dem gleichen Intervall sei die relative Distanzänderung zwischen A und C gleich $- d'$, dann folgt sofort, daß auf C die absolute Distanzänderung $- (d' - d/2)$ kommt. Liegen die Punkte nicht in gerader Linie, so findet vektorielle Zusammensetzung statt. Aus dieser, auf Grund der Realität der Bewegung und des Prinzips der konkreten Bestimmtheit erschlossenen absoluten Bewegung ergibt sich natürlich eine Orientierung des Raumes im Sinne unseres phoronomisch-dynamischen absoluten Raumes.

Damit wäre das Phoronomische erledigt. Um nun über das Dynamische etwas aussagen zu können, müssen wir eine

---

[1]) Verwandt mit den vorstehenden Ausführungen sind die Gedanken Höflers (Studien, S. 149—152), die sich nur in zu großen Allgemeinheiten bewegen, um wirksam zu sein.

Festsetzung machen. Da die dynamischen Zustandsänderungen mit den Distanzänderungen funktional verknüpft sind, legt das Simplizitätsprinzip das folgende Postulat nahe: Die Aufteilung der dynamischen Zustandsänderung auf die Punkte A und B entspricht genau der Aufteilung der Distanzänderung, so daß z. B. wenn d für A gleich Null wird, auch die dynamische Zustandsänderung für A gleich Null wird. Ob diese Verknüpfung der beiden Arten der Aufteilung richtig ist, hat die Erfahrung zu zeigen; sie steht aber nicht im Widerspruch zu der Erfahrung, weil aus der Unerkennbarkeit der Aufteilung der Distanzänderung (54) die Unerkennbarkeit der Aufteilung der Zustandsänderung folgt, weil sich aus ihr also ohne weiteres der tatsächliche Erfahrungscharakter abnehmen läßt, wonach die dynamischen Vorgänge, die mit geradlinigen Bewegungen verknüpft sind, so erfolgen, als wenn jede Bewegung absolut wäre. Man sieht, daß diese dynamischen Betrachtungen genau den früheren Betrachtungen über das Axiomatische und Empirische beim Trägheitsprinzip (46), über die relative und absolute Fassung desselben (48) entsprechen.

59. Nennen wir jeden nach dem Prinzip der konkreten Bestimmtheit eindeutig bestimmten Wert, weil er als dieser absolute, von uns unabhängige und unerkennbare Wert in jede Relativerfahrung eingeht, während die von uns erfahrenen Werte nur scheinbar-absolute Werte sind, wirklich[1]), so können wir in einer ganz äußerlichen Anlehnung an die Definition von Heymans[2]) die folgende bilden: Absolute Bewegung ist der unbekannte und unerkennbare Anteil der Wirklichkeit an der tatsächlichen realen Bewegung. In den Worten „unbekannt" und „unerkennbar" (in der Erfahrung unerkennbar) liegen unsere beiden Sätze (4) und (5); in diesen Worten sind also alle Anforderungen, die Mechanik und Physik stellen können, erfüllt. Keine einzige Aufstellung der Mechanik und Physik wird von dieser philosophischen Lehre tangiert; die Physik kann demnach keinen Einspruch gegen diese Lehre erheben. Die Lehre will

---

[1]) Real sind also sowohl die scheinbar-absoluten als die wirklich-absoluten Werte.

[2]) Heymans, Die Gesetze und Elemente des wissenschaftlichen Denkens. 2. Aufl., S. 379. Leipzig 1905.

gemäß dem Wege ihrer Ableitung nichts Physikalisches leisten, sondern nur die Wirklichkeit verstehen helfen; sie kann die phoronomisch-dynamischen Überlegungen, die zum Inertialsystem führen, in keiner Weise ersetzen.

60. Hier ist auch ein Platz, um die anfänglich überraschende, von ihrem phoronomischen Standpunkte aus aber ganz konsequente Behauptung der Relativisten kurz zu besprechen, die ptolemäische und die kopernikanische Weltauffassung seien gleichwirklich, nur sei die letztere bequemer, wobei das Wort „bequem" mehr im gewöhnlichen als im Poincaréschen Sinne verstanden wird. Es könnte scheinen, als ob der vorhin (53) definierte Realitätsstandpunkt gegen diese Ansicht spräche, indem ja mit den phoronomischen Distanzänderungen immer dynamische Zustandsänderungen verknüpft sind. Erinnern wir uns jedoch noch einmal nachdrücklich, daß das dynamische Weltbild so wenig eindeutig bestimmt ist wie das phoronomische, so lange nicht der dynamische Charakter des Bezugssystems feststeht (II), dann bemerken wir, daß in der Tat von dem bloßen Realitätsstandpunkte (53) aus die ptolemäische der kopernikanischen Auffassung phoronomisch und dynamisch gleichwertig ist, daß die letztere bloß eine größere Ökonomie besitzt. Nun verwandelt sich aber, wie wir sahen, die Vieldeutigkeit des bloßen Realitätsstandpunktes durch das Prinzip der konkreten Bestimmtheit in Eindeutigkeit. Das Prinzip zwingt, die phoronomischen und dynamischen Realitäten des erfahrungsgemäßen Weltbildes in dem vorhin besprochenen Sinne zu verabsolutieren und dadurch eine Entscheidung zwischen den beiden im allgemeinen möglichen Auffassungen des Weltbildes, der ptolemäischen und der kopernikanischen, zu treffen. Nach welcher Richtung die Entscheidung fällt, ist ja schon durch den ökonomischen Charakter der letzteren nahegelegt, muß aber erst, da durch die eindeutige Bestimmtheit der phoronomischen Verhältnisse die dynamischen nicht ohne weiteres auch eindeutig bestimmt sind (58), in der Erfahrung die Begründung finden.

Diese Kritik der relativistischen Ansicht von den beiden Weltsystemen wurde in Zusammenhang mit den Betrachtungen über die Realität der Bewegung gebracht, weil die Behauptung der Gleichwirklichkeit der Systeme die schärfste Zurückweisung des sich durch die ganze Geschichte des Bewegungsbegriffes hindurchziehenden Gegensatzes zwischen scheinbarer und wirklicher

Bewegung enthält, und wir haben ja gesehen, daß die Weltsysteme zwar nicht gleichwirklich, aber gleich real, d. h. daß sie vom Realitätsstandpunkte (53) aus gleichwertig sind. Wir hatten aber auch schon in früheren Untersuchungen die Mittel zur Beurteilung jener Ansicht in der Hand. Es ist nämlich unbestreitbar, daß, vom rein phoronomischen Standpunkte aus gesehen, das kopernikanische und das ptolemäische Weltsystem gleichwirklich sind. Aber dieser Standpunkt selber kann nur ein vorläufiger sein, weil seine dynamischen Konsequenzen teils unbrauchbar, teils falsch sind (II). Wenn wir nun bewiesen haben, daß das Inertialsystem oder der absolute Raum ein notwendiges Glied innerhalb der logischen Grundlagen der Physik ist (36), dann ist damit die Annahme der kopernikanischen Weltauffassung ebenfalls notwendig geworden.

61. Mir sind nur zwei Versuche einer allgemein-logischen Rechtfertigung der absoluten Bewegung[1] bekannt, die auf wissenschaftliche Beachtung Anspruch erheben können und darum hier kurz besprochen sein mögen. Sie sind Variationen desselben Grundgedankens.

Der erste Versuch rührt von Heymans[2] her. Heymans Gedankengang ist folgender: Eine Analyse dessen, was wir als relativ Wirkliches bezeichnen, lehrt, „daß wir das relativ Wirkliche nur als das Ergebnis einer Relation zwischen zwei oder mehreren absolut Wirklichen aufzufassen vermögen. Relative Bewegungen, genau so wie relative Töne oder relative Farben, sind zusammengesetzte, durch das gleichartige Auftreten mehrerer Wirklichen bedingte Erscheinungen; was die Analyse derselben, tatsächlich oder in Gedanken bis zu Ende durchgeführt, ergibt, ist immer etwas Absolutes. Wir haben dementsprechend jeder gegebenen relativen Bewegungserscheinung gegenüber volle Gewißheit darüber, daß derselben irgend welche absolute Bewegungen zugrunde liegen müssen, wenn wir auch keineswegs zu sagen wissen, welche. Was aber diese Gewißheit begründet, ist die apriorische Überzeugung, daß die wahrgenommene Veränderung.... irgendwie verursacht sein muß" (S. 379f).

---

[1] Ich sage nicht „des absoluten Raumes", weil Höfler (Studien, S. 121) letzteren nicht als notwendige Konsequenz der absoluten Bewegung zugegeben scheint.

[2] Heymans, Ges. u. El. S. 375ff.

Diese Ableitung ist zunächst in der gegebenen Form wegen der Unbestimmtheit der Grundlagen im besonderen gegenüber den Relativisten, die doch meistens Positivisten sind, nicht brauchbar. Denn erstens streifen die „Wirklichen", mit denen Heymans operiert, an metaphysische Gedanken, die doch wohl nicht so allgemein zugestanden werden, daß sie mit den Hintergrund des Beweises bilden können. Und zweitens basiert er seine Ableitung auch auf das Kausalprinzip, über dessen Inhalt und Geltung noch die mannigfachsten Ansichten herrschen.

Vor allem aber scheint die Ableitung den Sinn der relativistischen Auffassung mißzuverstehen. Daß das Relative die Existenz eines Absoluten voraussetzt, geben wir Heymans ohne weiteres zu, und das wird ihm auch jeder philosophisch geschulte Relativist nicht abstreiten. Und zwar ist der Satz schon definitionsgemäß richtig; die beiden Begriffe „relativ" und „absolut" sind Korrelativbegriffe, der eine definiert den anderen. In der Weise dieses Begriffspaares versteht aber der Relativist das Wort „relativ" nicht. Der strenge Relativist stellt sich niemals die Frage: Gibt es neben der relativen Bewegung auch absolute? — und beantwortet sie mit „Nein". Für den Relativisten sind alle Bewegungen jedweder Art in gleichem Sinne wirklich. Für ihn existiert jene Scheidung in relative und absolute Bewegung gar nicht. Wer Paradoxa liebt, könnte sagen: Dem Relativisten ist alle relative Bewegung absolute Bewegung. Und wenn es, wie meistens, seinem Ausdruck gemäß anders zu sein scheint, dann ist das, abgesehen von manchen Fällen einer gewissen Laxheit im Denken, nur eine Konzession an den Sprachgebrauch, die begründet ist, weil im Begriff der relativen Bewegung als dem Korrelativbegriff der absoluten Bewegung auch das liegt, was der Relativist ausdrücken will, und die der Bequemlichkeit wegen solange anstandslos hingehen darf, als keine Gefahr vorliegt, daß das, was neben jenem von den Relativisten gemeinten Sinne noch in dem Korrelativbegriff liegt, die Überlegungen irgendwie bestimmt. Darum haben sich die Ausführungen der vorliegenden Schrift überall diesem Sprachgebrauch angeschlossen. Hier aber, wo man dem Sprachgebrauch eine scheinbar zu ihm gehörende Gedankengruppe unterlegt, muß man sich über den eigentlichen Sinn der betrachteten Lehre klar werden. Heymans' Ableitung der absoluten Bewegung genügt nur dem, der schon,

sei es auch implizite, an die absolute Bewegung glaubt. Wir
können zu einem Begriff der absoluten Bewegung nur kommen,
indem wir dem Relativisten **von seinem Standpunkte aus**
jene Scheidung — aber in einem genau präzisierten Sinne —
erst ableiten.

Der zweite, nur angedeutete Versuch von Höfler[1]) enthält
den Gedanken von Heymans in schärferer Form. Höfler stützt
sich auf den Satz der Meinongschen Relationstheorie: Keine
Relation ohne Fundamente, und zwar in irgend einer Instanz
absolute Fundamente[2]). Daraus leitet er den spezielleren Satz
ab: Wenn sich eine Relation verändert hat, so muß sich auch
mindestens eines der Fundamente verändert (und zwar in seinen
absoluten Eigenschaften verändert) haben. So ergibt sich ihm
das Resultat: „Bei jeder relativen Bewegung muß mindestens der
eine der in bezug aufeinander sich bewegende Körper auch absolute Bewegung haben."

Diese Ableitung genügt vor allen Dingen nicht. Weil nämlich die Fundamente einer Relation zunächst nichts sind als die
in Beziehung gesetzten Vorstellungsinhalte selber[3]), so beweist
sie nur, daß man sich die letzten Fundamente als absolute Fundamente vorstellen muß (ich sage nicht: daß man sich absolute
Fundamente vorstellen muß), und in diesem Sinne ist auch die
oft gehörte Behauptung von der Vorstellbarkeit der absoluten
Bewegung richtig. Höfler hat seine Ableitung übrigens vorher[4])
— in einigem Widerspruch mit der späteren, soviel ich sehe,
doch ohne diese Einschränkung durchgeführten Darstellung —
selber in dieser Weise aufgefaßt; Meinong setzt ja auch, wo er
von den absoluten Fundamenten im subjektiven Raum spricht,
der Vorsicht halber noch einmal ausdrücklich hinzu, daß es sich
hier nur um Vorstellungen und deren Inhalte handele[5]).

Soll die Ableitung aber eine über den Vorstellungskreis
hinausgehende Bedeutung haben, so trifft sie derselbe Einwand
wie die Heymanssche. Für den Relativisten steht niemals der

---

[1]) Höfler, Studien, S. 133.
[2]) Meinong, Hume-Studien II, Sitzungsber. d. Wiener Akad.
Phil.-histor. Kl. 101, 615 f., 1882.
[3]) Meinong, a. a. O., S. 614.
[4]) Höfler, Studien, S. 127.
[5]) Meinong, Hume-Studien, S. 620.

Charakter einer Relation oder ihrer Fundamente in Frage, weil es für ihn nur einen Charakter aller Relationen, nämlich den der Gleichwirklichkeit, gibt.

Es ist im Grunde schon durch diesen Einwand ausgedrückt, daß beide Ableitungen auch an der Unbestimmtheit des Begriffes „absolut" leiden.

Was an der Heymansschen Ableitung richtig ist, enthält die Ableitung von Höfler in klarer Formulierung. Wie der Grundgedanke derselben sich wendet, wenn er jenseits der subjektiv-psychologischen Sphäre gelten soll, will die in diesem Kapitel gegebene Ableitung zeigen, die aber, wie schon zu Anfang bemerkt, nicht von den Ausführungen Höflers und Meinongs ausgegangen ist und angeregt wurde.

II. Metaphysik des absoluten Raumes.

62. Der eigentümlich formale Charakter der Erörterungen des vorhergehenden Kapitels rührt daher, daß wir noch keinen erkenntnistheoretischen Standpunkt eingenommen haben. Auch die in (59) gegebene Definition der absoluten Bewegung ist von jeder Erkenntnistheorie und Metaphysik unabhängig; man kann das Wort „Wirklichkeit" metaphysisch verstehen wie man will; sie ist auf dem Boden des naivsten Realismus so gut richtig wie auf dem des Solipsismus. Eine tiefere Fassung des Begriffes wird aber erst möglich, wenn wir dem Raum, den Körpern u. a. bestimmte Realitätsstufen beilegen: erst dann kann auch eine Definition des absoluten Raumes versucht werden, die etwas mehr als eine bloße Charakteristik ist. Wir beginnen mit einem in den allgemeinsten Zügen gehaltenen Umriß des erkenntnistheoretischen Bekenntnisses, soweit es die Realitätsstufen jener Innen- und Außenseite betrifft, durch deren unmittelbare psychische Gegebenheit wir in (2) den erkenntnistheoretisch neutralen Standpunkt definiert hatten; von da wird sich zwanglos der Übergang zu unserem speziellen Problem der Einfügung des Begriffes des absoluten Raumes in eine allgemeine Metaphysik des Raumes ergeben.

Es ist wohl eines der am wenigsten bezweifelten Resultate der modernen Philosophie, daß der richtige erkenntnistheoretische Standpunkt irgendwo zwischen dem naiven, reflexionslosen Realismus und dem absolutem Idealismus liege. Das eine Extrem bildet der reflexionslose Realismus. Er nimmt die Wirklichkeit so als real-objektiv an, wie sie ihm psychisch gegeben erscheint, er faßt den psychischen Unterschied einfach als einen metaphysischen, ohne zu ahnen, daß er damit schon eine Deutung in die Welt hineinlegt. Er widerspricht völlig klaren psychologischen und physikalischen Tatsachen, z. B. der Möglichkeit der objektiven Erzeugung von Kontrastfarben, den Erscheinungen des Doppler-Prinzips. Vor allem aber hält er einer tieferen Untersuchung des Begriffes des Wirkens nicht stand, das im Wahrnehmungsprozeß vorliegt und das hier besonders den allgemeinen Charakter des Wirkens trägt, wonach das Resultat einer Wirkung nicht nur von der Natur der die Wirkung ausübenden, sondern in gleichem Maße auch von der Natur der die Wirkung empfangenden Realität abhängig ist; stehen sich — schon rein empirisch ohne Rücksicht auf eine bestimmte psychologische Theorie gesprochen, besonders aber vom Standpunkte des Realismus aus — Realitäten von so totaler Verschiedenheit wie physische und psychische Reihen wirkend gegenüber, so bedeutet es demnach ein völliges Aufheben dieser Verschiedenheit, wenn man den Wahrnehmungsinhalt einfach als ein Bild des Wahrgenommenen betrachtet. In eine Kategorie mit dem reflexionslosen Realismus gehören im Grunde auch, soweit nicht absolut-idealistische Einschläge vorhanden sind[1]), der Empiriokritizismus von Avenarius, der Elementenmonismus Machs und der Energismus Ostwalds; denn sie nehmen alle, genau wie der reflexionslose Realismus, die Wirklichkeit so, wie sie ihnen gegeben erscheint, für real. Wie sie ihnen gegeben erscheint, hängt von verschiedenen, oft sehr dogmatischen Motiven ab. Man könnte deshalb diese ganze Kategorie erkenntnistheoretischer Systeme am besten als Gegebenheitsstandpunkte bezeichnen. Es darf aber nicht verschwiegen werden, daß jene drei Ansichten noch eine dem naiven Realismus fremde Idee hineinnehmen, die des Monismus, den einige von ihnen mit einer doch nicht so leicht zu rechtfertigenden Selbstverständlichkeit als richtig voraussetzen. Diese Gegebenheitsstandpunkte werden zunächst in ihrer Gesamtheit von dem Einwand getroffen, daß sie sich insofern

---

[1]) Diese Unklarheit über den eigentlichen Standpunkt offenbart sich bei den Epigonen, z. B. in der Auffassung Berkeleys durch Kleinpeter (Die Erkenntnistheorie, S. 145).

gegenseitig selber widerlegen, als ja durch ihre Mehrzahl offenbar wird, daß sie eben keine Gegebenheitsstandpunkte sind. Denn die Tatsache, daß dem einen dies, dem andern jenes als gegeben erscheint, beweist zur Genüge, daß diese Standpunkte eine Deutung in die Welt hineintragen; was gegeben ist, muß eine unmittelbare, unbestreitbare Erfahrung sein, die eben wegen dieses Charakters für alle die gleiche ist. Des weiteren würde es, wenn nur hier der Platz dafür wäre, nicht schwer fallen, zu zeigen, wie die Deutung der zuletzt genannten Standpunkte den Fehler des naiven Realismus wiederholt, nämlich den Fehler einer nach den Motiven der Entstehung verschieden nuancierten Vereinfachung der Welt, die weder eine genaue erkenntnistheoretische Analyse erträgt, noch auch im allgemeinen als Motiv und Grundlage einer tieferen philosophischen Forschung geeignet erscheint.

Das andere Extrem bildet der absolute Idealismus, die Ansicht, von der man gesagt hat, daß sie unglaublich, aber unwiderleglich sei. Es mag sein, daß sie unwiderleglich ist. Aber niemals hat sich von allen seltsamen Meinungen, die in der menschlichen Geistesgeschichte verzeichnet stehen, eine unwiderleglicher selber widerlegt als der absolute Idealismus. Er führt nämlich konsequent zum Solipsismus, und wenn er dieser Konsequenz entgehen will, muß er ein Postulat über die Existenz von Ichsubjekten machen, muß also fremde Elemente in sich aufnehmen und hebt sich damit selber auf. Es gibt übrigens auch Formen des Idealismus, die entweder nur ein methodisch gewendeter Realismus sind oder sich von einem solchen nur durch zu starke Betonung von Elementen des Erkennens, die dem Realismus nicht zu fehlen brauchen, unterscheiden.

An irgend einer Stelle nun zwischen den beiden Extremen, dem absoluten Idealismus und dem Gegebenheitsstandpunkte, haben sich die meisten großen Denker ihren Platz gewählt. Der erste, so oft nur oberflächlich hingenommen, aber in seiner Tragweite kaum auszumessende Schritt, den der kritische Menschengeist vom Gegebenheitsstandpunkte weg tat, war eine Scheidung dessen, was anfangs ohne weiteres als objektiv gedeutet wurde, in einen Anteil des Subjektes und einen des Objektes. Die schon im Altertum von Demokrit und Epikur vorbereitete Zerlegung der Eigenschaften der Körper in solche, denen unsere Vorstellungen ähnlich, und solche, die von den ersten abhängen, denen aber unsere Vorstellungen unähnlich sind, wurde von Galilei, Gassendi, Hobbes, Kepler, Descartes u. a. vollzogen und, nachdem schon Galilei von primären Akzidenzien gesprochen und Boyle den Terminus „zweite Qualitäten" eingeführt hatte, von Locke die Scheidung in erste, zweite und dritte Eigenschaften genannt, von denen aber die letzteren an und für sich mit den zweiten identisch sind und sich nur in unserer Anschauung von ihnen trennen lassen, und von denen die zweiten und dritten im Grunde nur auf Kombinationen der ersten beruhen[1]). Ob nun die Vorstellungen, die, nach Lockes Terminologie, auf den zweiten Eigenschaften der Dinge beruhend ihnen unähnlich sind, die einzigen dieses Charakters darstellen? Oder lag nicht, nachdem man einmal das Prinzip, daß unsere Anschauungen von den Dingen Abbilder derselben seien, teilweise aufgehoben hatte, in dieser Denkweise schon das treibende Motiv für eine völlige Aufhebung des Prinzips? Schon Locke hatte den von den ersten Eigenschaften angeregten Vorstellungen etwas von ihrem Charakter als Abbildungen der Dinge genommen; dadurch, daß er dem Raum eine eigentümliche Art der Selbständigkeit und Unabhängigkeit von den Dingen zuteilte, machte er wenigstens die primären Eigenschaften, die mit der Ausdehnung zusammenhängen, gewissermaßen von den Dingen unabhängig. Damit bereitete er den zweiten großen Schritt vor, den die Erkenntniskritik über den reflexionslosen Realismus hinausging, die Tat Kants.

63. Kann der Raum, wie er uns erscheint, seinem Ursprung nach der Inhalt einer Vorstellung sein, die auf irgend eine Weise von der Erfahrung an Dingen abhängig und durch sie erworben ist? Man muß einen zweifachen Sinn von dieser Frage fernhalten: es handelt sich erstens nicht um das Problem der psychologischen Entstehung unserer Raumanschauung, also darum, ob die Raumanschauung in einer beliebigen Form schon mit den Empfindungen gegeben ist, oder erst durch sie entsteht; es handelt sich auch zweitens nicht darum, ob der Raumbegriff von unserem Denken aus der Erfahrung abstrahiert wird, wie es ohne Zweifel der Fall ist. Was vielmehr in Frage steht, ist die logisch-meta-

---

[1]) Locke, Vers. über den menschl. Verst. Ausg. Kirchmann. II. Buch, 8. Kap., § 9 bis 26; IV. Buch, 3. Kap., § 11.

physische Bedeutung des Raumes, und worauf es bei der Frage ankommt, ist das Verhältnis zu der Erfahrung an den Dingen. Dem philosophischen Denken, soweit es nicht durch besondere Umstände bestimmt war, erschien die Anschauung der zu Anfang gestellten Frage im allgemeinen als die naheliegendste und natürlichste, weil es glaubte, daß es dem Raum eine Art von Objektivität wahren müsse, ihm aber doch nicht dieselbe Objektivität wie den Dingen zuschreiben könne; und darum hat es die oben nur grob skizzierte Anschauung in den mannigfachsten Formen ausgebildet. Ist man nun über den Sinn jener Frage klar, dann sieht man leicht ein, daß man mit der Zustimmung zu jener Ansicht einen Zirkel begeht. Denn damit wir überhaupt Erfahrungen an Dingen machen können, müssen die Dinge schon in der Ordnung des bestimmten Zusammenhanges, die wir Raum nennen, stehen. Ohne die Formen von Raum und Zeit können wir keine Erfahrung machen. Der Raum muß uns zur Erfahrung schon logisch gegeben sein. Er ist also logisch das Frühere. Wir sagen darum, er sei objektiv a priori. Diese Formel bedeutet demnach: In der Ordnung der Erkenntnis bedingt nicht die Erfahrung den Raum, sondern der Raum die Erfahrung; der Raum ist die Bedingung der Möglichkeit der Erfahrung. Das ist der erste Schritt der Kantschen Gedankengänge[1]). Dieses objektive a priori ist keine Erklärung, keine Deutung, keine Hypothese, sondern eine notwendige Folgerung aus der Tatsache, daß wir Erfahrung besitzen.

Um den wichtigen Begriff des in dem objektiven a priori liegenden prius möglichst klar zu machen, betrachten wir ihn gesondert nach der negativen und positiven Seite. Das prius des a priori bedeutet durchaus nicht: aller Erfahrung zeitlich vorangehend. Das kann es schon deshalb nicht heißen, weil die Zeit sich auf ähnliche Weise wie der Raum auch als a priori ergibt. Kant sagt zwar[2]): „Jene (Raum und Zeit) können wir allein a priori, d. i. vor aller wirklichen Erfahrung erkennen"; aber in dem ersten Abschnitt der Einleitung hat er dieses „vor" schon erklärt mit den Worten[3]): „Der Zeit nach geht keine Erkenntnis

---

[1]) Kant, Kr. d. r. V., S. 68f.
[2]) Kant, a. a. O., S. 81.
[3]) Kant, a. a. O., S. 41.

in uns vor der Erfahrung vorher, und mit dieser fängt alle an".
A priori heißt, wie schon kurz bemerkt, seiner Natur nach aller
Erfahrung vorausgehend, logisch ihr vorangehend, eine Bedingung
der Möglichkeit der Erfahrung bildend. „Wenn aber gleich alle
unsere Erkenntnis mit der Erfahrung anhebt, so entspringt sie
darum doch nicht eben alle aus der Erfahrung[1]."

Vielleicht sind zwei Analogien geeignet, den eigentümlichen
Charakter des im a priori liegenden prius etwas zu verdeutlichen[2].
Die Raumanschauung ist a priori, ähnlich wie etwa das Identitätsprinzip jedem Schluß seiner Natur nach, nicht zeitlich, vorangeht, eine notwendige Bedingung der Möglichkeit eines logischen
Schlusses bildet, während wir es nachträglich aus den logischen
Substraten abstrahieren und formulieren; wir können diese Abstraktion nur machen, weil es eben allen logischen Schlüssen
vorangeht. Diese Analogie wäre sogar vollständig zutreffend,
wenn das Identitätsprinzip eine Entwickelung haben könnte, wie
sie die Raumanschauung haben kann und tatsächlich hat. Eine
zweite Analogie ist insofern vollständiger, als sie das Merkmal
der Entwickelung einschließt. In dem Streit zwischen Psychologisten und Anhängern der reinen Logik haben die ersteren den
letzteren die heikle Frage gestellt: Waren die geometrischen Lehrsätze wahr, bevor Menschen existierten? Die Antwort darauf
müßte lauten: Wenn das „vor" zeitlich gemeint ist — nein; denn
Sätze sind Urteile, Urteile haben aber nur Existenz im Geiste
von Menschen. Wenn es logisch gemeint ist — ja; das soll
heißen: Sobald und so oft Menschen existieren, sind die Lehrsätze
wahr. Analog bedeutet die Apriorität der Raumanschauung: Die
Möglichkeit der Erfahrung erfordert, daß immer und überall, wo
Menschen existieren, sie die Wirklichkeit so wahrnehmen müssen,
wie wir sie wahrnehmen. In diesem Sinne also ist es zu verstehen, wenn wir sagen, der Raum bedinge logisch die Erfahrung.

Wodurch aber ist er nun selber bedingt? Die Erklärung ist
durch seinen Charakter an die Hand gegeben: derselbe wird verständlich, wenn wir den Raum subjektiv machen; so begreifen

---

[1] Kant, a. a. O., S. 41.
[2] Kant hat in das objektive a priori eine von Aristoteles
stammende und im ganzen Mittelalter festgehaltene Lehre aufgenommen. Aristoteles unterscheidet schon (Met. IV., 1018b, 14 u. 30)
τὰ κατὰ χρόνον πρότερα und τὸ τῇ γνώσει πρότερον.

wir, wie er logisch das Frühere sein kann. Der Raum ist also für uns jetzt subjektiv a priori, und weil er die Dinge der Erfahrung gewissermaßen formt, nennen wir ihn eine apriorische Anschauungsform. Das will besagen: der Raum ist durch eine Eigenschaft unseres Bewußtseins bedingt. Das ist der zweite Schritt Kants. Dieses subjektive a priori ist also eine Deutung des objektiven a priori.

Hier sind nun eine Reihe von Mißverständnissen fernzuhalten, die teils durch die Charakterisierung als subjektiv, teils durch die historisch gegebenen veranschaulichenden Worte entstehen können. Das subjektive a priori bedeutet kein Angeborensein, keine Entstehung im Bewußtsein ohne Auslösung durch die Erfahrung. Kant selber hat so entschieden wie nur möglich die angeborenen Vorstellungen und Begriffe verworfen. „Die Kritik erlaubt schlechterdings keine anerschaffenen oder angeborenen Vorstellungen; alle insgesamt, sie mögen zur Anschauung oder zu den Verstandsbegriffen gehören, nimmt sie als erworben an" [1]). Die „formende" Funktion des Bewußtseins kann also nur in Tätigkeit treten auf objektive Reize hin; ohne solche Auslösungen würden wir niemals irgend eine räumliche Anschauung besitzen. Damit sind nun schon gewisse Vorstellungen des a priori abgewiesen. Man darf das Wort „Form" nicht allzu wörtlich nehmen und darunter eine im Geiste vorhandene Art von leerem Gefäß verstehen. In dem Worte „Formen" liegt keine Aktivität des Bewußtseins, die mit einer gewissen Willkür, einem Zufallswerte versehen ist. „Formen" bedeutet hier eine gesetzmäßige Zuordnung des Bewußtseins zum Bewußtseinstranszendenten, durch die die allgemeine Form der Erfahrung bedingt ist.

64. Kant kannte das psychologische Problem des Empirismus und Nativismus nicht; da aber die Apriorität des Raumes oft und scheinbar zu Recht mit diesem Problem in Zusammenhang gebracht worden ist, sind einige Worte darüber angebracht, trotzdem das Urteil darüber schon in dem bisher Gesagten enthalten ist. Die Apriorität widerstreitet nur jenem Grenzfall des Empirismus, der glaubt, die Raum- und Zeitanschauung restlos aus einer unräumlichen und unzeitlichen Menge von Empfindungen ableiten zu können. Man braucht diese Ansicht aber bloß aus-

---

[1]) Kant, Sämtl. Werke. Ausg. Hartenstein, VI. Bd., S. 37.

zusprechen, um der Überzeugung zu sein, daß wohl nie ein Empirist sie anders als mit bloßen Worten ohne Taten vertreten hat. Wenn man z. B. bei einem so entschiedenen Empiristen wie Heymans[1]) den Satz liest: „Jeder einzelnen Empfindung haftet vielmehr eine bestimmte, nicht ursprünglich räumliche, sondern bloß qualitative Nuance an, welche mit dem Orte der Reizung sich verschiebt", — so ist doch in dem „Verschieben mit dem Orte der Reizung" schon die Raumanschauung vorausgesetzt, und es handelt sich bei Heymans lediglich darum, zu zeigen, wie dieses apriorische Gesetz, wonach wir die äußeren Dinge auffassen müssen, sich in und mit der Erfahrung entwickelt. Auch Heymans könnte trotz seines Empirismus den folgenden Äußerungen Kants[2]) zustimmen: „Es muß aber doch ein Grund dazu im Subjekte sein, der es möglich macht, daß die gedachten Vorstellungen so und nicht anders entstehen und noch dazu auf Objekte, die noch nicht gegeben sind, bezogen werden können, und dieser Grund wenigstens ist angeboren... Der Grund der Möglichkeit der sinnlichen Anschauung ist keines von beiden, weder Schranke des Erkenntnisvermögens, noch Bild: es ist die bloße eigentümliche Rezeptivität des Gemüts, wenn es von etwas (in der Empfindung) affiziert wird, seiner subjektiven Beschaffenheit gemäß eine Vorstellung zu bekommen. Dieser erste formale Grund z. B. der Möglichkeit einer Raumanschauung ist allein angeboren, nicht die Raumvorstellung selbst." Und umgekehrt würde vielleicht sogar Kant bei seiner Abneigung gegen jedes Angeborensein von Vorstellungen und Begriffen einen ähnlichen psychologischen Standpunkt wie Heymans eingenommen haben[3]). Auf jeden Fall ist ersichtlich, daß die Lösung

---

[1]) Heymans, Einführung in die Metaphysik auf Grundlage der Erfahrung, S. 164. Leipzig 1905.

[2]) Kant, Sämtl. Werke. VI. Bd., S. 38 f.

[3]) Die oben zitierte Stelle ist nur deshalb von Heymans hergenommen, weil sie außerordentlich deutlich die nativistischen Spuren auch im entschiedensten Empirismus beweist. Um aber Heymans gerecht zu werden, muß ich bemerken, daß ihm die Identität des Apriorismus mit dem Empirismus selbstverständlich erscheint (Ges. u. El., S. 196 ff.). Außer durch die psychologische Auffassung des a priori ist das nur dadurch zu erklären, daß sein Empirismus im Grunde Nativismus ist. Etwas mehr Deutlichkeit wäre den sonst so durchsichtigen Gedankengängen gerade hier zu wünschen.

des psychologischen Problems der Entstehung der Raumvorstellung in Wirklichkeit von der Annahme der Apriorität der Raumanschauung unabhängig ist. Wenn dagegen die heutige Psychologie zu einer Synthese der beiden Theorien des Nativismus und Empirismus gekommen ist, so darf man dieselbe als eine Art von psychologischem Pendant zu Kants logischem Standpunkt ansprechen.

65. Die eine in (63) betrachtete Möglichkeit, das logische prius des objektiven a priori zu deuten, ist nicht die einzige. Es ist nämlich nicht nur denkbar, daß der Raum, wie wir zuerst annahmen, etwas Subjektives, sondern auch, daß er etwas Objektives ist, also nicht nur, daß es Raumanschauung, sondern auch, daß es einen objektiven Raum gibt. Der Charakter des Raumes als einer Bedingung der Erfahrung läßt sich auch dann verstehen, wenn man das objektive logische prius durch ein **objektives zeitliches prius** erklärt. Es ist ersichtlich, daß es neben diesen beiden Deutungen des objektiven a priori keine weitere von ihnen unabhängige mehr geben kann.

Wir stellen uns nun einmal auf diesen zweiten Standpunkt. In dieser Lage ist uns eine Wahl zwischen zwei Ansichten geboten. Der Raum könnte einmal eine Eigenschaft der Dinge sein. Aber das ist ohne Zweifel unmöglich, weil sich nicht nur wahrscheinlich machen, sondern auch beweisen läßt, **daß der Raum von den Dingen unabhängig ist.** Dafür spricht erstens die Tatsache, daß die räumlichen (und zeitlichen) Eigenschaften eines Dinges zu ihm in einem ganz anderen Verhältnis stehen wie die übrigen Eigenschaften; die letzteren müssen notwendig in den Formen des Raumes und der Zeit erscheinen, sonst existiert das Ding für uns nicht. Das Ding kann jede beliebige Eigenschaft einzeln entbehren, ohne aufzuhören, für uns ein Existierendes zu sein, nur nicht die räumlichen (und zeitlichen) Eigenschaften. Zweitens existiert für uns auch zwischen den Dingen Raum, die Dinge sind für uns im Raume. Um die Tatsache kommen wir nicht herum: wir haben nun einmal die Vorstellung, daß der Raum bleibt, wenn wir die Dinge wegnehmen. Die ganze Erfahrung zeugt so für diese Vorstellung, daß wir uns ihrer gar nicht entschlagen können. Drittens endlich wird die Unabhängigkeit des Raumes von den Dingen bewiesen durch die als notwendig dargetane Annahme der absoluten Orientierung des

Raumes, ja sie ist streng genommen nur ein anderer Ausdruck für diese Annahme. Denn wenn die Absolutheit eine Eigenschaft ist, die gestattet, einem Neumannschen Körper Bewegung zuzuschreiben, d. h. zu sagen, der Körper befinde sich zu verschiedenen Zeiten dem Raume gegenüber in verschiedenen Stellungen, besitze immer eine bestimmte Stelle im Raum, so liegt darin doch ganz offensichtlich der Begriff der Unabhängigkeit, der Selbständigkeit des Raumes gegenüber dem Körper beschlossen. Es sei aber ausdrücklich, damit man keine Widersprüche mit den früheren Ausführungen findet, darauf aufmerksam gemacht, daß im besonderen der dritte Gedanke für sich allein, d. h. unabhängig von einem erkenntnistheoretischen Standpunkte, nichts beweist; anders mit Bezug auf unseren speziellen Fall ausgedrückt: Man kann mit Hilfe des Gedankens nicht dartun, daß der Raum etwas Objektives ist, kann überhaupt keine Metaphysik des Raumes darauf bauen; ist man aber einmal durch andere Überlegungen zu der Ansicht von der Objektivität des Raumes gelangt, dann läßt sich, wie wir es getan, der Gedanke zum Beweise dafür benutzen, daß der Raum keine Eigenschaft der Dinge ist. Man kann übrigens noch einen weiteren Schritt tun und zeigen, daß die Dinge in ihren Eigenschaften vom Raume abhängig sind; da aber dieser Gedanke in einem folgenden Zusammenhang besser brauchbar ist, sei hier nur nachdrücklich auf ihn verwiesen. Den Raum in spezieller Weise als ein Erzeugnis der Dinge (etwa durch die Bewegung) zu fassen, geht am allerwenigsten, weil jede Art, dieses Erzeugen zu erklären, schon räumliche Verhältnisse voraussetzt.

Es bleibt nach alledem nur übrig, den Raum als etwas objektiv für sich Bestehendes zu fassen. Damit tritt aber die Raumwahrnehmung in die Reihe der übrigen Wahrnehmungen und fällt mit ihnen unter das erkenntnistheoretische Prinzip der Relativität: Die Raumvorstellung ist kein Abbild; sie ist eine Synthese aus unräumlichen objektiven und aus subjektiven Raumfaktoren. Abgesehen von den angedeuteten allgemeinen, auf den Begriff des Wirkens sich stützenden Überlegungen wird dieser synthetische und relative Charakter der Raumvorstellung dann noch im speziellen — analog wie der Charakter der übrigen Wahrnehmungen — etwa durch die Raumtäuschungen bewiesen. Die anscheinende Passivität oder Wirkungslosigkeit des Raumes ist kein Grund gegen diese Ansicht; denn sie besteht in der Tat nicht. Raum und Dinge sind doch so verbunden, daß das Wahrnehmen der Dinge erst durch Vermittelung des Raumes möglich wird. Und liegt nicht eine einzigartige Wirksamkeit des Raumes darin, daß jede physikalische Energie bei ihrem Wirken in ganz bestimmter Weise vom Raume abhängig ist? Weist nicht, um einen typischen speziellen Fall herauszugreifen, das merkwürdige Trägheitsprinzip aufs allerdeutlichste nach, mit welcher selbständigen Realität der Raum den Dingen gegenübertritt, wie abhängig dagegen die Dinge vom Raum sind? Die Wirksamkeit des Raumes ist so groß, so durchgreifend, so allumfassend, daß sie uns als etwas so Selbstverständliches erscheint wie die Luft, die wir atmen, und darum gar nicht besonders auffällt. Es muß aber hier wie vorhin wieder betont werden, daß auch dieser Gedanke nur zur genaueren Ausarbeitung des Realitätscharakters des Raumes brauchbar ist, aber keinen bestimmten Realitätscharakter beweisen kann.

66. Wir haben uns jetzt zwischen zwei Standpunkten zu entscheiden: zwischen dem apriorischen Raum und dem objektiven Raum. Es scheint, als ob es nun hieße: entweder — oder. Ob sich aber nicht vielleicht das zu Anfang der Schrift zitierte Wort auch hier bewahrheiten sollte und das Entweder — oder verwandeln lassen könnte in ein Sowohl — als auch? Vorab sehen wir schon ein, daß eine solche Zusammenfassung möglich wäre. Wir müssen nämlich beachten, daß der erste Standpunkt (63) durchaus nicht die reine Subjektivität behauptet. Die logische Apriorität bedeutet ja zunächst überhaupt nichts weiter als eine Bedingung der Möglichkeit der Erfahrung, sie läßt also die Frage nach dem objektiven Charakter des Raumes offen. Wir brauchen infolgedessen bloß den in (65) sogenannten subjektiven Raumfaktor mit der apriorischen Form zu identifizieren. Es läßt sich aber auch zeigen, daß sie notwendig ist. Erstens ist der in (65) besprochene Standpunkt, wie man wohl schon bemerkt haben wird, isoliert unmöglich, und zwar deshalb, weil wir keinen Sinn haben, dessen Empfindungen uns eine von den unräumlichen objektiven Raumfaktoren veranlaßte Vorstellung liefern könnten; wir können nicht analog den Sinneswahrnehmungen Raumwahrnehmungen bilden; wir haben hier eine Art psychologisches

Analogon zu dem in (65) berührten eigentümlichen Verhältnis der räumlichen zu den anderen Eigenschaften der Dinge. Diese fundamentale Schwierigkeit, die, wenn sie unlösbar wäre, den zweiten Standpunkt unmöglich machen würde, wird nun in der schon angedeuteten Weise aufs einfachste und eleganteste dadurch überwunden, daß man die Raumvorstellung auf Grund der in (63) gebrachten Überlegung als eine apriorische Form nimmt. Zweitens gibt es für den ersten Standpunkt (63) zwei fundamentale Schwierigkeiten, die den Standpunkt allein gleichfalls unmöglich machen, nämlich 1. den nicht wegzuleugnenden Charakter einer selbständigen Realität des Raumes, der sich am deutlichsten in der Abhängigkeit der Dinge vom Raum offenbart, und 2. die Tatsache, daß die Dinge nicht die allgemeine Form, sondern bestimmte Formen der Räumlichkeit besitzen; eine rein subjektive apriorische Form allein ist nicht imstande, diese Verhältnisse zu erklären. Aber auch diese Schwierigkeit findet ihre Überwindung, wenn man zu der apriorischen Form als subjektivem Raumfaktor die unräumlichen objektiven Raumfaktoren hinzunimmt, wobei dann, was hier ein für allemal gesagt sein mag, auf der subjektiven Seite ein Platz für die die Entwickelung der Form bedingenden Faktoren offen bleibt. Nach alledem muß diese Synthese der beiden Standpunkte für notwendig erklärt werden, weil sie sich in ihren unangreifbaren starken Seiten in nichts widersprechen und sich gegenseitig durch diese starken Seiten ihre schwachen aufheben.

Wir erkennen nun, daß die beiden besprochenen Standpunkte im Grunde nur verschiedene Methoden zu einem Ziele darstellen. Der eine geht vom Objektiven (o_1) zum Subjektiven (s_1), der andere vom Subjektiven (s_2) zum Objektiven (o_2); und zwar notwendig: die Annahme des s_1 ist eine Konsequenz der Annahme des o_1, die des o_2 eine Konsequenz der des s_2. Wenn man sich nun nach Zurücklegung dieser Wege die Resultate besieht, so ergibt sich, daß $s_1 = s_2$ und $o_1 = o_2$ ist, daß also nicht zwei Standpunkte, sondern zwei Verfahrungsweisen vorliegen. Daher rührt es denn auch, daß sich, wie wir sahen, jede dieser Verfahrungsweisen isoliert nicht als ein besonderer, vollständiger und widerspruchsloser Standpunkt durchführen läßt, wenn man denselben nicht so ausbaut, daß er eben dadurch mit dem anderen identisch wird.

67. Zweierlei hat Kant, mit dem wir bis jetzt, allerdings außerhalb der gewöhnlichen subjektivistischen Auffassung stehend, zusammengegangen sind[1]), sich nicht gesagt oder gefragt: 1. Wenn der Raum objektive Gründe oder Faktoren hat, dann hängt sein Charakter auch von diesen Faktoren ab. Er ist ein Produkt, dessen einzelne Faktoren wir nicht kennen. Es ist also ungenau zu sagen, er sei eine apriorische Anschauung; man muß das zu folgendem ergänzen: eine apriorische Anschauung, die in einer uns völlig unbekannten Weise mit den korrespondierenden transzendenten Faktoren zusammenhängt, von ihnen mit bedingt ist und ihnen irgendwie entspricht[2]). 2. Sind die objektiven Raumfaktoren eine Eigenschaft der Dinge an sich oder etwas zu ihnen Selbständiges? Wir haben uns innerhalb der phänomenalen Ordnung für die letztere Ansicht entschieden (65). Da uns nun der Charakter der Dinge an sich als einer objektiven Bedingung der Erfahrung zeigt, daß die Welt der Dinge an sich etwas der Erscheinungswelt Korrespondierendes darstellt, so folgt fürs erste aus der Unabhängigkeit des Raumes

---

[1]) Aus einem oben angedeuteten Grunde in der Terminologie nicht. Was wir objektiv a priori nannten, heißt bei Kant einfach a priori, und unser subjektives a priori steckt in der Lehre von der Idealität des Raumes und der Zeit. Der Gedankenzusammenhang ist auch hier schärfer herausgearbeitet, als er in der systematischen Darstellung Kants zutage tritt; Kant nähert den logischen Charakter des objektiven a priori dem des subjektiven zuviel. Daß er das letztere zwar nicht zu einseitig aufgefaßt, aber zu einseitig betont hat, ist schon vorhin gesagt.

[2]) E. v. Hartmann (Kategorienlehre, S. 126f., Leipzig 1896) meint dasselbe, wenn er zwischen unbewußter Anschauungsform und bewußter Formanschauung unterscheidet. Die bei ihm (S. 127 ff.) folgenden Argumente für die reale Objektivität des Raumes, die in ähnlicher Weise auch Ueberweg (System der Logik, 5. Aufl., S. 112 ff., Bonn 1882) und Zeller (Vorträge und Abhandlungen 3, 274 ff., Leipzig 1884) vorbringen, scheinen mir, wie ich sie auch im Text (65) gebraucht habe, nur die Selbständigkeit des phänomenalen Raumes und die Abhängigkeit der Dinge vom Raume innerhalb der phänomenalen Ordnung zu beweisen, zwingen aber nicht, über diese Ordnung hinauszugehen, wie Erhardt (Metaphysik 1, 330 ff., Leipzig 1894) ausführlich dargetan; sie nötigen nur, ein Analogon dazu innerhalb der objektiv realen Ordnung zu suchen, wenn man sich die Existenz dieser Ordnung und ihres Zusammenhanges mit der phänomenalen auf anderem Wege gesichert hat.

in der Erscheinungswelt auch die Selbständigkeit der objektiven unräumlichen Faktoren, und dann folgt fürs zweite aus der Abhängigkeit der Körper vom Raume in der phänomenalen Welt eine korrespondierende Abhängigkeit der den beiden entsprechenden objektiven Faktoren[1]).

Welcher Art ist diese Abhängigkeit? Es ist klar, daß hier nur äußerst vage Vermutungen aufgestellt werden können. Zwei Momente, die den Zusammenhang zu charakterisieren geeignet sind, scheinen nahe zu liegen. Fürs erste könnte vielleicht der Umstand, daß der phänomenale Raum so allumfassend und grundlegend ist, daß wir schlechterdings kein Ding ohne seine Hilfe vorstellen können, ein Umstand, dem ja auch eine Eigenschaft in der Welt an sich entsprechen muß, zusammen mit der Abhängigkeit der Dinge vom Raum auf einen genetischen Zusammenhang hindeuten, derart, daß die Dinge an sich eine Art Emanation der transzendenten unräumlichen Raumfaktoren wären; das würde ausgezeichnet zu der im letzten Kapitel darzulegenden Auffassung der modernen Physik von dem Verhältnis beider in der Erscheinungswelt stimmen. Das Wort „Emanation" soll keinen mystischen Hintergrund besitzen, sondern lediglich eine kurze Formel für zwei Gedanken darstellen: 1. für die genetische Abhängigkeit der Dinge an sich von den Raumfaktoren, 2. dafür, daß beiden Arten transzendenter Faktoren dieselbe Realitätsstufe zukommt, daß also, um aristotelisch zu reden, die Dinge an sich nicht Akzidenzien der Raumfaktoren sind. Dieser genetische Zusammenhang dürfte dann fürs zweite ein notwendiger sein. Für den Zusammenhang nach einer Richtung folgt das aus dem Vorhergehenden: Wenn keine Raumfaktoren existierten, gäbe es auch keine Dinge an sich. Vielleicht aber weist u. a. der Umstand, daß wir uns keine Vorstellung eines leeren Erscheinungsraumes machen können — wir müssen uns selbst immer mit vorstellen — darauf hin, daß ohne die Emanation der Urenergie es für uns keine phänomenale Welt, also auch keinen phänomenalen Raum geben würde.

---

[1]) Daß die selbständigen transzendenten Raumfaktoren (d. h. Faktoren an der Synthese des Raumes) unräumlich sind, folgt aus der Methode ihrer Ableitung. Denn die subjektiven Faktoren können nichts anderes als das Typisch-Räumliche — das Auseinandersein — umfassen. Ein direkter Beweis für die Unräumlichkeit der objektiven Faktoren ergibt sich noch aus einer späteren Überlegung (70).

Auch das Wort „Urenergie" präjudiziert keinerlei Mystik, sondern will kurz den Charakter der Raumfaktoren ausdrücken, — daß sie nämlich als letzte absolute Fundamente Ursache, Quelle, Ausgangspunkt, oder wie man es sonst nennen mag, von sekundären absoluten Fundamenten sind und dadurch erst für uns transzendierende (41) Faktoren werden. So würde die metaphysische Genesis der Ding- aus den Raumfaktoren nicht nur die Abhängigkeit des Raumes von den Dingen in der Erscheinungswelt, die zweifellos neben der weitaus aufdringlicheren reziproken Abhängigkeit besteht, erklären, sondern auch den vollen Grundgedanken der verbreitetsten philosophischen Anschauung in sich fassen, wonach in letzter Linie der Raum eine Relation der Dinge unter sich und zum Bewußtsein ist. Daß unsere Theorie diesen Gedanken in tiefere Zusammenhänge einstellt, wird ihr wohl schwerlich zum Vorwurf gemacht werden können.

68. Es wird wohl kaum eine Schwierigkeit für die dargelegte Ansicht über den eigentümlichen synthetischen Charakter des Raumes in der Überlegung liegen, daß der phänomenal-räumlichen Differenz zweier Punkte auch eine Differenz in dem transzendent-realen System entsprechen muß, und daß wir vielleicht nicht anders können als diese Differenz wieder räumlich fassen. Denn einmal beruht die phänomenale Differenz nicht ganz auf einer Verschiedenheit in den raumbestimmenden objektiven, sondern zum Teil auch auf der Eigenart der subjektiven Faktoren. Vor allem aber haben wir zur Auflösung der Schwierigkeit eine treffliche Analogie zur Hand. Wir brauchen ja bloß zu beachten, daß wir doch intensiv verschiedene psychische Realitäten kennen, die von einem räumlichen oder auch nur raumähnlichen Charakter nichts besitzen. Damit soll nicht behauptet sein, daß der phänomenal-extensiven Differenz eine intensive Differenz in den objektiven Faktoren entspräche, sondern nur, daß die Existenz intensiv verschiedener psychischer Realitäten die Möglichkeit von raumlosen Differenzen in dem transzendenten Realitätssystem einigermaßen verständlich machen kann.

69. Wir sind jetzt imstande, den Begriff der Eigenschaft des Raumes, die wir absolut genannt haben, tiefer zu fassen. Die **Absolutheit des Erscheinungsraumes ist der Anteil, den die Selbständigkeit der transzendenten unräumlichen**

Raumfaktoren und ihr Verhältnis zu den Dingen an sich an der Synthese des phänomenalen Raumes besitzen. Es braucht wohl nicht näher auseinandergelegt zu werden, wie in dieser Definition und den ihr zugrunde liegenden Anschauungen alles, was wir früher über den absoluten Raum festgestellt hatten, in vertiefter Form wiederkehrt. Entsprechend besitzt die absolute Bewegung irgend einen ihr korrespondierenden transzendenten Faktor, während die Relativbewegung, soweit sie relativ ist, lediglich subjektiv ist. Frühere Überlegungen und die noch später zu gebenden Vorstellungen der Physik legen die Ansicht nahe, daß jener transzendente Faktor der absoluten Bewegung nichts anderes als der transzendente Akt der Emanation selber ist.

Und die absolute Zeit? Hier gilt es, sofort ein mögliches Mißverständnis zu zerstreuen. In wie vielen Punkten Raum und Zeit auch erkenntnistheoretisch übereinstimmen mögen, sie sind doch bei näherem Zusehen total verschieden. Man hat die unterscheidenden Eigenschaften beider wohl so zusammengestellt: Die Zeit ist eindimensional und fließend, der Raum dreidimensional und ruhend. Wenn auch die Aussagen in dieser Form nicht richtig sind, worauf wir nicht eingehen können, der Unterschied ist doch gut gefühlt und wird wohl jedem durch jene Symbolisierung deutlich werden. Wir können offenbar nicht, wie wir dem phänomenalen Raum transzendente selbständige Faktoren korrespondieren ließen, auch der Zeit ganz analog solche transzendenten selbständigen Faktoren entsprechen lassen. Die volle Selbständigkeit, das Fürsichsein paßt nicht zu ihrem Charakter; während der Raum phänomenal Dingcharakter besitzt, hat die Zeit nichts davon. Was entspricht ihr denn nun in der transzendenten Welt? Ich meine, die Deutung ist von selbst an die Hand gegeben: Sie muß eine Eigenschaft sein, und zwar eine Eigenschaft beider Arten transzendenter Faktoren oder besser ihres Verhältnisses. Dafür spricht das ganz merkwürdig innige Verhältnis, in dem Raum und Zeit in der Erscheinungswelt stehen. Ich kann es nicht besser als mit den Worten Lockes beschreiben[1]: „Die Dauer und die einen Teil derselben bildende Zeit ist die Vorstellung von einem Untergehen des Abstandes; nicht zwei Teile davon bestehen zugleich, sondern sie folgen einer

---

[1] Locke, Versuch II. B., Kap. 15, § 12.

dem andern; dagegen ist die Ausdehnung die Vorstellung von einem dauernden Abstand; alle Teile davon sind zugleich und können einander nicht folgen. Man kann deshalb keine Dauer ohne Folge fassen und es nicht begreifen, daß ein Wesen den morgigen Tag jetzt besteht oder auf einmal mehr als einen Augenblick inne hat .... Sonach befassen und umfassen Anschauung und Dauer einander wechselseitig; jeder Teil des Raumes ist in jedem Teil der Zeit, und jeder Teil der Zeit ist in jedem Teil des Raumes. Eine solche Verbindung zweier so verschiedener Vorstellungen dürfte sich in all der Mannigfaltigkeit, die man begreift und begreifen kann, kaum wiederfinden und somit Stoff zu weiterem Nachdenken geben."

Befolgen wir diesen Rat nach der Richtung der vorhin ausgesprochenen Gedanken hin, so liegt nichts näher, als die transzendente Realität der Zeit in das energetische Wirken der raumbestimmenden Faktoren zu legen, und zwar derart, daß sie beim Akte der Emanation phänomenal werden kann und daß in diesem Akte Raum, Zeit und Bewegung, als transzendente Realitäten gefaßt, ein Verhältnis besitzen, das dem Verhältnis der phänomenalen Realitäten Raum, Zeit und Bewegung korrespondiert. Natürlich darf man den Akt der Emanation, das energetische Wirken nicht zeitlich auffassen; leider haben wir, während uns ein Analogon der transzendenten unräumlichen Raumfaktoren in den unräumlichen psychischen Reihen gegeben ist, für die transzendente Realität der Zeit kein derartiges Analogon. Es folgt endlich daraus, daß diese transzendente Realität, die durch den Emanationsakt phänomenal werden kann, auch ohne diese Emanation und also ohne die Dinge an sich zu existieren vermag, und in den der phänomenalen Zeit und dem phänomenalen Raum korrespondierenden transzendenten Realitäten der Urenergie, die ohne die Emanation niemals phänomenal werden können, haben wir wohl die tiefste Fassung und Vereinigung der Begriffe des absoluten Raumes und der absoluten Zeit.

70. Während der phoronomisch-dynamische und der physikalische Begriff des absoluten Raumes mit dem Newtonschen Begriff nicht übereinstimmten, sondern nur die mathematisch-physikalische Formulierung des absoluten Raumes vom erkenntnistheoretisch neutralen Standpunkte aus repräsentierten, erhebt sich jetzt die Frage, inwieweit sich die tiefere philosophische

Fassung des absoluten Raumes und der absoluten Zeit mit den Begriffen Newtons[1]) deckt. Dabei ist natürlich von der mystisch-theologischen Begründung, die diese Begriffe in Newtons Weltanschauung fanden, abzusehen und nur ihr philosophischer Kern herauszuschälen. Die Definition des absoluten Raumes von Newton lautet: „Der absolute Raum bleibt vermöge seiner Natur und ohne Beziehung auf einen äußeren Gegenstand stets gleich und unbeweglich." Der Begriff unbeweglich ist nicht wahr und nicht falsch; es ist ohne Sinn, von Bewegung und Ruhe des absoluten Raumes zu sprechen. In den Worten „ohne Beziehung auf einen äußeren Gegenstand" liegt das Wesentliche und die Übereinstimmung mit dem oben vorgetragenen Begriff. Wir würden die Worte nur anders fassen und von „Unabhängigkeit von den Dingen" reden. Im wesentlichen deckt sich also der Begriff Newtons mit unserem philosophischen Begriff, soweit es natürlich die Verschiedenheit der erkenntnistheoretischen Standpunkte erlaubt; dazu fügt der letztere die Absolutheit noch in tiefere Zusammenhänge ein. Wenn man die Worte „unabhängig von den Dingen" übrigens vom erkenntnistheoretisch neutralen Standpunkte versteht, haben wir bekanntlich (37) nur eine andere Form der Definition des physikalischen absoluten Raumes; es ist gut, darauf hier noch einmal besonders aufmerksam zu machen, damit man das nahe Verhältnis Newtons auch zu diesen Begriffen nie aus den Augen verliert. Die Definition der absoluten Zeit von Newton lautet: „Die absolute, wahre und mathematische Zeit verfließt an sich und vermöge ihrer Natur gleichförmig und ohne Beziehung auf irgend einen äußeren Gegenstand." Das Wort „fließt" ist auf unserem, vom Newtonschen ganz verschiedenen erkenntnistheoretischen Standpunkte ein äußerst gewagtes Bild. Unsere fließende Zeit ist ein Maß der absoluten Zeit nur dann, wenn man diese Begriffe vom erkenntnistheoretisch neutralen Standpunkte aus versteht; das Analoge gilt übrigens vom Raum. Auch bei der Zeitdefinition ist das Wesentliche und die Übereinstimmung in den Worten „ohne Beziehung auf irgend einen äußeren Gegenstand" zu finden, die sich für uns wieder in die anderen wenden: „unabhängig von den Dingen". Auch diese Eigenschaft wird dann wieder in tiefere Zusammenhänge eingestellt.

---

[1]) Newton, Math. Prinz., S. 25.

Indes wurde bei diesem Vergleich ein Punkt absichtlich außer acht gelassen, der einer eigenen Betrachtung bedarf. Wir haben nämlich die Worte „stets gleichbleibend" (vom Raum) und „gleichförmig fließend" (von der Zeit) nicht akzeptiert, und zwar deshalb nicht, weil sie wegen einer merkwürdigen Eigenschaft des absoluten Raumes und der absoluten Zeit falsch sein können. Bei dieser Eigenschaft verweilen wir einige Augenblicke. Denken wir uns einmal unsere Welt in eine neue Welt verwandelt, die der jetzigen in allem gliche, in der nur alle Raumgrößen[1]) der jetzigen mit dem beliebigen Faktor n multipliziert erschienen. Dann könnte uns diese neue Welt nicht anders vorkommen als die jetzige, denn alle Größe beurteilen und messen wir durch Vergleichen. Die Erinnerung an den früheren Zustand würde uns nichts nützen, weil wir auch in der Erinnerung Größen nur als mit anderen verglichene Größen kennen. Es läßt sich endlich keine physikalische Erscheinung denken, die durch ihre Änderung uns des neuen Zustandes bewußt machte. Analoges finden wir bei der Zeit. Denken wir uns, ein bestimmter Fixstern ginge zur Zeit t durch einen bestimmten Meridian, zur Zeit t_1 das folgende Mal, zur Zeit t_2 das dritte Mal. Setzen wir voraus, die Sterntage seien, mit unserer Uhrzeit gemessen, absolut konstant, was ja in der Tat nicht der Fall ist. Dann würden wir unbedenklich setzen:

$$t_1 - t = t_2 - t_1.$$

Und doch braucht das nicht richtig zu sein. Nehmen wir an, nach dem zweiten Meridiandurchgang, also nach dem Zeitmoment t_1, würden alle Zeitgrößen des Weltalls so geändert, als ob sie mit dem Faktor n_1 multipliziert wären; dann würde

$$(t_1 - t) < (t_2 - t_1).$$

Wir hätten allerdings kein Mittel, um diese Änderung zu konstatieren, für uns bliebe die erste Gleichung bestehen. Man ersieht daraus, daß in unserer Zeitmessung ein logischer Zirkel steckt: wir messen die Sternzeit an der Uhrzeit und die Uhrzeit an der Sternzeit. Die ganze Betrachtung lehrt uns, daß wir auf den absoluten Raum und die absolute Zeit — die Begriffe genommen im mathematisch-physikalischen oder im philosophisch-

---

[1]) D. h. von unserem Standpunkte aus: Alle Entfernungen zweier absoluter Orte, gleichgültig ob diese Orte in Körpern liegen oder nicht.

metaphysischen Sinne — die Worte „stets gleich bleibend" und „gleichförmig fließend" nicht anwenden dürfen. Die Möglichkeit, daß diese Ausdrücke falsch wären, besteht. Natürlich wird diese Möglichkeit dem Charakter der Absolutheit durchaus nicht widersprechen; er ist, wie wir sahen, unabhängig davon begründet.

Da die Wahl des Wertes für den Faktor n offenbar durch keine räumliche Eigenschaft beschränkt werden kann, läßt sich das obige Ergebnis für den Raum so aussprechen: der Raum ist von absolut unendlicher Aufnahmefähigkeit. Daraus folgt, daß der Begriff der Größe auf die objektiven Raumfaktoren nicht angewandt werden darf, daß sie die typisch-räumliche Eigenschaft — das Auseinandersein — nicht besitzen; denn weil das Typisch-Räumliche, oder, um mit Kant zu sprechen, die allgemeine Form des Raumes, jene Eigenschaft der absoluten Relativität besitzt, kann es nur subjektiv sein (genauer gesagt: ist es das auf den gesetzmäßigen Beziehungen zwischen Subjekt und Objekt beruhende Auffassen des korrespondierenden transzendenten Korrelates als eines Auseinanderseins). Darin aber, daß das Typisch-Räumliche uns niemals isoliert, sondern immer nur in individuellen Gestaltungen gegeben ist, deren Individualität von den transzendenten Faktoren herrührt, liegt der Grund dafür, daß seine Subjektivität eine begrenzte objektive Variabilität der Raumgrößen in dem besprochenen Sinne nicht ausschließt, die natürlich ebensowenig aus seinem Charakter folgt. Analoges gilt für die Zeit.

Nun fragen wir uns erstens, ob sich jene Möglichkeit auf unserem erkenntnistheoretischen Standpunkte denken läßt. Ich glaube doch. Es würde dann einfach einer Änderung im phänomenalen Raum und in der phänomenalen Zeit eine entsprechende Änderung in dem transzendenten Realitätssystem parallel gehen. Dabei dürfen wir uns wohl keine der unstetigen, sondern müssen uns eine der stetigen Änderung korrespondierende denken, die aber phänomenale Perioden haben könnte. Dann fragen wir zweitens, ob es Gründe für oder gegen die Tatsächlichkeit einer derartigen stetigen Änderung gibt [1]). Indes gehört die Beant-

---

[1]) Durch die Tatsächlichkeit dieser Änderung würde unser Messen offenbar nicht tangiert; man müßte bloß andere Definitionen geben. Die ideal-theoretischen Definitionen für Maß und Messen, denen die Praxis natürlich nie genügen kann, wären dann folgende: Maß ist eine

wortung dieser Frage nicht mehr hierher; es sei nur angedeutet, daß wir dabei, soviel ich sehe, auf die Probleme der Entwickelung, der Umkehrbarkeit, der Entropie, des unendlich Großen, der unendlichen Dauer u. a. stoßen würden. Jedenfalls hat uns der Vergleich mit Newton, dem eigentlichen Begründer einer Lehre von dem absoluten Raum und der absoluten Zeit, nicht nur gezeigt, in welchen Punkten wir seine philosophischen Ideen von Raum und Zeit festgehalten und wie wir den Begriff der Absolutheit metaphysisch anders gewendet haben, sondern ist uns auch die Veranlassung geworden, die Begriffe des absoluten Raumes und der absoluten Zeit nach einer neuen Seite hin zu charakterisieren.

71. Ist der Raum nach der entwickelten Theorie Substanz?
Als Locke sich diese Frage einmal stellte, meinte er[1]: „Wenn man (wie häufig geschieht) fragt, ob der leere Raum Substanz oder Akzidenz sei, so antworte ich sofort, daß ich es nicht weiß, und daß ich mich dessen solange nicht schämen werde, als die Fragenden mir nicht eine klare und deutliche Vorstellung von der Substanz bieten." Die Antwort Lockes kann natürlich für uns wegen der Verschiedenheit der erkenntnistheoretischen Standpunkte nicht maßgebend sein, wohl aber die Methode dieser Antwort, nämlich die Prüfung der in Betracht kommenden Begriffe. Die Beantwortung jener Frage hängt also für uns einmal von der Ansicht über den Begriff der Substanz und zweitens von der Einordnung des Raumes in das erkenntnistheoretische Bild ab.

Das Begriffsschema Substanz-Akzidenz erscheint in der von Aristoteles grundgelegten, im Laufe der Entwickelung bald nach dieser bald nach jener ihrer Seiten stärker betonten Form insoweit[2]) unrichtig, als es in unkritischer Weise auf dem Boden

---

räumliche oder zeitliche Größe, die ihren räumlichen oder zeitlichen Wert nur in entsprechendem Zusammenhang mit den räumlichen oder zeitlichen Werten aller Größen des Weltalls ändern kann, niemals unabhängig von ihnen. Messen ist ein In-ein-Verhältnis-setzen zweier räumlicher oder zeitlicher Größen, von denen die eine den vorhin definierten Charakter besitzen muß.

[1]) Locke, Versuch II. B., Kap. 13, § 17.
[2]) Durch diese Fassung soll ausgedrückt sein, daß es den Historikern überlassen bleibt, zu entscheiden, ob die aristotelische und scholastische Erkenntnislehre als reiner „naiver Realismus" bezeichnet werden kann.

eines naiven Realismus gewachsen ist. Vielfach wird bei der Ableitung des Begriffes das Dasein der Substanz ohne weiteres vorausgesetzt; es wird nicht beachtet, daß sie uns weder unmittelbar noch mittelbar in der Erfahrung gegeben ist, sondern daß sie etwas in die uns gegebene Wirklichkeit Hineingelegtes, etwas ihr Unterlegtes ist. Die Schulbeispiele von Akzidenzien beziehen sich im allgemeinen nicht auf Eigenschaften der Dinge, sondern auf Relationen zwischen uns und den objektiven Wirklichkeitsfaktoren. Danach ist das Schema für uns insoweit richtig, als es sich in die vorhin dargelegte metaphysische Anschauung einfügt. Die transzendenten Faktoren sind Substanz. Dabei ist unter Substanz jedes absolute Fundament einer Relation verstanden; die Charakterisierung als absolut besagt, daß es nicht selber wieder eine Relation zwischen Fundamenten ist. Akzidenzien sind dann Relationen zwischen absoluten oder relativen Fundamenten. Diese Formulierung macht das Schema für alle erkenntnistheoretischen Standpunkte, die einen irgendwie gearteten Realismus vertreten, von den Besonderheiten des Standpunktes unabhängig.

Man kann also nicht sagen, der Raum sei Substanz, sondern nur, die transzendenten Raumfaktoren seien Substanz.

Infolge einer unbewußten Gleichsetzung von Materie und Substanz hat man wohl die Anwendung des Substanzbegriffes auf den Raum für erfahrungswidrig oder gar sinnlos erklärt[1]). Wenn man davon absieht, daß nach der eben vorgetragenen Erklärung die Dinge durchaus nicht so liegen, wie hier vorausgesetzt wird, gibt es selbst auf dem Standpunkte des naiven Realismus keinen Grund, der jene Anwendung hindern könnte. Hat man natürlich den Substanzbegriff bewußt oder unbewußt auf die Welt der Materie eingeschränkt, dann ist der Raum keine Substanz. Um aber diese Einschränkung sicher zu stellen, müßte doch eben zuvor bewiesen werden, daß der Raum keine Substanz ist.

Meist ist es wohl die suggestive Gewalt von Tradition und Schule, die als heimliches Motiv wirkt und jene Behauptung von der unberechtigten Anwendung ohne Beweis aussprechen läßt;

---

[1]) Vergleiche zum Beispiel Nys, La nature de l'espace, p. 21 ff., Bruxelles 1907.

die Unzulänglichkeit dieses Motivs könnte durch die einfache Überlegung über den Ursprung und die Grenzen des Substanzbegriffes klar werden, die wir eben angestellt haben. Manchmal wird aber auch als Grund für jene Behauptung das Prinzip der Undurchdringlichkeit angeführt, wonach es unmöglich sein soll, daß die Dinge als Substanzen im Raum als Substanz existieren. Indes steckt in diesem Beweisversuch derselbe Fehler wie in dem obigen mehr gefühlsmäßig-spontanen Einspruch. Nachdem man das Prinzip der Undurchdringlichkeit auf dem Boden der Erfahrung an materiellen Dingen gewonnen hat, hat man kein Recht, es auf Dinge auszudehnen, die nicht materiell sind. Wir machen die Prinzipien nicht, sondern finden sie. Die Undurchdringlichkeit gehört nur für jenes populäre Denken zur Substanz, das die materiellen Körper mit den Substanzen gleichsetzt; es ist für die Psychologie des Denkens interessant zu sehen, wie diese Gleichsetzung unbewußt als Motiv selbst bei solchen Philosophen wirkt, die sie bewußt weit von sich weisen würden. Hier ist wieder eine der Stellen, wo deutlich wird, wie der Philosophie die Betrachtung des Ursprunges und der Grenzen der Begriffe noch nötiger ist als der Naturwissenschaft, weil sie nicht wie diese schon in der formalen Exaktheit die Möglichkeit einer Art von Selbstkorrektur besitzt.

Man sieht, daß der Widerspruch, den man gegen die Anwendung des Substanzbegriffes auf den Raum erhoben hat, selbst auf dem Boden des naiven Realismus nicht begründet ist. Es braucht wohl nicht besonders gezeigt zu werden, daß er bei dem in diesem Kapitel eingenommenen erkenntnistheoretischen Standpunkte vollständig gegenstandslos wird.

Im übrigen erscheint die Wichtigkeit, die man dem Schema Substanz-Akzidenz von einigen Seiten beizulegen geneigt ist, sehr übertrieben. Es liegt darin etwas von der Denkweise jener Philosophen, von denen Cotes in seiner bekannten Vorrede zu Newtons Prinzipien der Naturlehre sagt, daß „sie sich durchaus bei dem Namen der Dinge, nicht bei den Dingen selbst aufhalten".

Wenn man, unter Abweisung des absoluten Idealismus, erkannt hat, daß Raum und Dinge denselben Realitätscharakter besitzen, dann ist diese Erkenntnis die Hauptsache, die Benennung ist ganz gleichgültig.

III. Die Grundlagen der Metaphysik des absoluten Raumes in der modernen Physik.

72. Als eine der reizvollsten Aufgaben bleibt noch übrig zu zeigen, wie die vorgetragene metaphysische Stellung des absoluten Raumes innerhalb der allgemeinen Theorie des Raumes in den Tatsachen und Anschauungen der modernen Physik grundgelegt ist.

Dieser physikalische Untergrund stellt sich zu den metaphysischen Untersuchungen indes anders als die bereits innerhalb derselben angezogenen gewöhnlichen physikalischen Erfahrungen. Diese waren, wie schon erwähnt (65), nur ein Schema, das uns zu der Annahme eines analogen Schemas in der objektiv-realen Welt zwang, wenn die Existenz dieser Welt mit ihren Ding- und selbständigen Raumfaktoren zuvor feststand. Die physikalischen Theorien, die wir im folgenden benutzen, sind mehr als ein Analogon. Sind sie richtig, dann zwingen sie sofort zur Anerkennung der metaphysischen Überlegungen, sobald nur die Existenz von objektiv-realen Dingfaktoren gegeben, sobald also der absolute Idealismus überwunden ist. Darin liegt die einzigartige Bedeutung der modernen physikalischen Anschauungen für die Metaphysik, die man bisher noch nicht gewürdigt hat, auf die — das darf man wohl aus den antimetaphysischen Instinkten der Naturforscher schließen — auch schwerlich einige Andeutungen über die Beziehung einzelner physikalischer Theorien zu dem Raumbegriff hinweisen, Andeutungen, in denen nicht einmal beachtet ist, in welch eleganter Synthese die physikalischen Anschauungen den Relativismus und Absolutismus zusammenfassen[1]).

Die physikalischen Grundlagen sind den unter sich teilweise zusammenhängenden Gebieten der Theorie der Wärmestrahlung, der Elektronik und der Optik entnommen; die in der folgenden Nummer besprochene Theorie zeichnet sich vor den anderen dadurch aus, daß sie, isoliert genommen, kein hypothetisches, sondern nur völlig sicheres Material enthält.

73. Eine der Eigenschaften, die bisher dem Körper an sich, d. h. unabhängig von allen eigenen oder fremden Eigenschaften

---

[1]) Vgl. z. B. Auerbach, Winkelmanns Handbuch der Physik. 2. Aufl., I. Bd., S. 4; Voss, Enzykl., S. 40.

zuzukommen schien, die als eine völlig sichere und als unentbehrliche Grundlage der Mechanik galt, ist die konstante Masse[1]). Die Überzeugung von ihrer einzigartigen Stellung war so groß, daß man stets neben das Prinzip der Konstanz der Energie das Prinzip der Konstanz der Masse stellte. Nun ist durch die Untersuchungen der letzten Jahre, und zwar, worauf nochmals ausdrücklich hingewiesen sei, durch vollständig sichere theoretische Untersuchungen, erwiesen, daß die Masse nicht konstant ist. Denken wir uns ein nach den Gesetzen der Wärmestrahlung aufgebautes System, das von ponderabler Materie frei ist. Dann läßt sich, wie Hasenöhrl, Planck und v. Mosengeil gezeigt haben[2]), dartun, daß ein solches System sich unter dem Einfluß von Kräften so benimmt, wie ein mechanisches System, d. h. träge Masse besitzt und dem Beharrungsprinzip gehorcht. Aber diese träge Masse hängt erstens von der Temperatur, zweitens — und dies ist für uns das Wichtigste — in einer bestimmten Weise von der Geschwindigkeit ab. Definieren wir die träge Masse durch die Bewegungsgröße, dann ist die Bewegungsgröße in unserem Falle nicht der Geschwindigkeit proportional, wird überdies eine andere, je nachdem man die in der Bewegungsrichtung oder die senkrecht zu ihr wirkende Kraft in Betracht zieht. Die träge Masse unseres von ponderabler Materie freien Systems ist also nicht konstant. Nun enthält aber jeder ponderable Körper in seinem Innern einen Betrag von Energie in der Form von strahlender Wärme, der an jeder Bewegung des Körpers beteiligt und

---

[1]) Zu dieser Nummer: Planck, Sitzungsber. d. Kgl. pr. Ak. d. Wissensch., S. 542, 1907. Die Arbeit von Einstein (Ann. d. Phys. **18**, 639, 1905) verallgemeinert das obige Resultat in einem weiteren Zusammenhang, der aber heute wegen der experimentellen Bestätigung des Relativitätsprinzips (79) gesichert erscheint. Sie kommt zu dem Resultat: Die Masse eines Körpers ist ein Maß für dessen Energieinhalt. Damit wird das Prinzip der Konstanz der Masse ein genaues Pendant zum Prinzip der Konstanz der Energie, beruht sogar im Grunde darauf, d. h. es gilt nur für geschlossene Systeme; nicht aber ist die Masse eines Körpers, wie man es bisher auffaßte, eine ihm zukommende Konstante. Vgl. noch die auch für die im Text später folgenden Betrachtungen wichtigen zusammenfassenden Darstellungen von Einstein im Jahrbuch der Radioaktivität und Elektronik **4**, 411, 1907; und Hasenöhrl in demselben Jahrbuch **6**, 485, 1910.

[2]) Abraham, Elektromagnetische Theorie der Strahlung. 2. Aufl., S. 346 ff. Leipzig 1908.

wir uns also einen mit der konstanten elektrischen Ladung e versehenen Elementarkörper von der trägen Masse m, dem wir der Bequemlichkeit halber eine bestimmte Gestalt, am einfachsten die kugelförmige, beilegen. Das Verhältnis e/m der Ladung zur Masse nennt man die spezifische Ladung. Das ruhende Elektron erregt vermöge seiner Ladung in dem es umgebenden Äther ein elektrisches Feld. Bewegt sich das Elektron, so tritt zu dem elektrischen noch ein magnetisches Feld. Bei jeder Änderung eines der Geschwindigkeitsfaktoren, der Richtung oder der Größe, ändert sich auch das elektromagnetische Feld; es tritt in diesem Falle eine elektromagnetische Strahlung auf, die sich als Licht oder Wärme äußert. Sehen wir von dem Trägheitswiderstand der Masse eines Elektrons vollständig ab, und fassen wir nur die Beschleunigung in der Bewegungsrichtung ins Auge, so muß man die durch die Geschwindigkeitsänderung (das Setzen in Bewegung ist auch eine solche) entstandene Energieveränderung des Feldes als ein Äquivalent für die Arbeit betrachten, die man bei der Geschwindigkeitsänderung geleistet hat. Wir müssen also schon lediglich wegen der Feldveränderung äußere Kraft zu einer Geschwindigkeitsänderung eines Elektrons aufwenden, mit anderen Worten das Elektron würde, selbst wenn es keine träge mechanische Masse hätte, sich der Einwirkung äußerer Kräfte gegenüber doch so verhalten, als ob es eine bestimmte angebbare träge Masse[1]) besäße. Wir sind demnach auch gezwungen, die träge Masse m eines Elektrons aus zwei Bestandteilen zusammengesetzt zu denken, aus der trägen mechanischen Masse m_1 und der trägen elektromagnetischen Masse m_2, so daß jetzt der Ausdruck für die spezifische Ladung die Form $\dfrac{e}{m_1 + m_2}$ annimmt.

Als nun Kaufmann an den β-Strahlen des Radiums die spezifische Ladung für verschiedene Geschwindigkeiten experimentell bestimmte, ergab sich das Resultat, daß sie mit wachsender Geschwindigkeit abnimmt. Da e konstant ist, kann die Abnahme nur durch eine Vergrößerung von $(m_1 + m_2)$ zustande

---

[1]) Sie ist für Geschwindigkeiten, die gegen die Lichtgeschwindigkeit klein sind, gleich $\dfrac{4\,e^2}{5\,a\,v^2}$, wo a den Radius des Elektrons und v die Lichtgeschwindigkeit bedeuten (bei Volumladung).

kommen. Abraham gelang es, auf rein theoretischem Wege zuerst eine Formel für die elektromagnetische Masse m_2 abzuleiten, die diese Masse als Funktion der Geschwindigkeit zeigte. Als man danach die Werte von $\frac{e}{m_1 + m_2}$ für die von Kaufmann benutzten Geschwindigkeiten berechnete, ergab sich eine so genaue Übereinstimmung zwischen den berechneten und beobachteten Werten, wie sie innerhalb der Fehlergrenzen möglich war. Spätere Versuche gaben das gleiche Resultat. Wenn auch die unter Voraussetzung eines starren Elektrons berechnete Formel von Abraham heute wegen des experimentellen Nachweises der Richtigkeit des physikalischen Relativitätsprinzips (79) nicht mehr richtig ist, so stellt die spätere und etwas andere Ableitung von Lorentz unter Annahme eines deformierbaren Elektrons die Kaufmannschen Versuchsergebnisse gerade so gut dar[1]). Damit sind wir genötigt $m_1 = 0$ zu setzen. Ein Elektron besitzt nur elektromagnetische Masse, deren Wert von dem Verhältnis des Elektrons zu Raum und Zeit abhängt. Es sei noch erwähnt, daß die Abhängigkeit verschieden ist je nach der Richtung, in der die beschleunigenden Kräfte einwirken; diese Verschiedenheit hat zur Unterscheidung einer transversalen und einer longitudinalen elektromagnetischen Masse geführt; die oben erwähnte, zur Prüfung benutzte Formel war die Formel für die transversale Masse, die in der letzten Anmerkung mitgeteilte Formel ist für den dort angegebenen Fall der gemeinsame Grenzwert für beide Massen.

---

[1]) Abraham hat das Verdienst, zuerst unter der genannten Voraussetzung die elektromagnetische Masse als Funktion der Geschwindigkeit genau berechnet zu haben. Seit 1881 hatten aber schon J. J. Thomson, Heaviside, Larmor, Searle und W. Wien den Begriff der scheinbaren Masse benutzt und auch die Abhängigkeit der Masse von der Geschwindigkeit, wenn auch nicht in endgültiger Form, berechnet (J. J. Thomson, Elektrizitäts-Durchgang in Gasen. Deutsch von E. Marx, S. 550 ff., Leipzig 1906; Lodge, Elektronen. Deutsch von Siebert, Kap. 12 und 13 und Anhang K bis M, Leipzig 1907; W. Wien, Arch. néerland. (2) 5, 96; 1900. Die Idee der Unterscheidung einer longitudinalen und einer transversalen Masse stammt von Lorentz, der auch zuerst mit Hilfe eines Näherungsverfahrens Ausdrücke dafür entwickelte (Phys. Zeitschr. 2, 78, 1901).

75. Zahlreiche Physiker haben nun die Annahme gemacht, daß die Materie nur aus Elektronen bestehe. Die Möglichkeit dieser Hypothese läßt sich nicht leugnen. Denn erstens besitzt, wie wir vorhin dargelegt, ein von mechanischer Masse freies Elektron doch Masse und Trägheit. Zweitens würde ein solches Elektron den mechanischen Gesetzen gehorchen, solange seine Geschwindigkeit im Verhältnis zur Lichtgeschwindigkeit klein ist; denn so lange tritt keine bemerkbare Änderung der Masse mit der Geschwindigkeit ein. Da nun aber selbst die planetarischen Geschwindigkeiten im Verhältnis zur Lichtgeschwindigkeit klein sind, würde sich das Weltbild mechanisch gar nicht anders gestalten, als es sich jetzt darstellt[1]. Endlich ist es drittens W. Wien gelungen, die mechanischen Gesetze im Prinzip aus den elektromagnetischen abzuleiten und so den direkten Nachweis für die soeben gezogene Folgerung zu bringen. Wenn man von einzelnen Erfahrungen absieht, die diese Hypothese zu begründen geeignet sind, z. B. den radioaktiven Erscheinungen, so beruht der hinreißende Reiz dieser Vorstellung fürs erste auf der großartigen Einheitlichkeit des elektromagnetischen Weltbildes, die durch die gelungenen Versuche, fast alle Energien elektromagnetisch abzuleiten, direkt gestützt wird; die Einheit des Weltbildes ist und bleibt aber eines der Hauptziele physikalischer Erkenntnisarbeit[2]. Fürs zweite beruht er — und hier kommen wir zu dem Wichtigsten — auf der klaren Verständlichkeit, die jetzt plötzlich der Massen- und der Trägheitsbegriff gewonnen haben. Schon aus dem ersten Teile dieser Studie läßt sich ersehen, wie diesen beiden Begriffen derartige Schwierigkeiten anhaften, daß in der modernen Mechanik die Masse fast nur noch als eine Rechnungsgröße, die Trägheit als ein Verlegenheitswort erscheinen, und doch bleiben Masse und Trägheit Fundamentalbegriffe der Mechanik. Wenn man nun sieht, wie klar und scharf diese

---

[1] Das ist praktisch im allgemeinen, und auch mit besonderer Anwendung auf die Differenz bei der Perihelbewegung des Merkur, dadurch nachgewiesen, daß Lorentz die aus der Übertragung der elektromagnetischen Grundgleichungen auf die Gravitation sich ergebenden säkularen Störungen der Planetenbahnen berechnete (Zenneck, Gravitation. Enzykl. d. math. Wissensch. Bd. V_1, S. 47 f.).

[2] Man vgl. Planck, Die Einheit des physikalischen Weltbildes. Leipzig 1909.

Begriffe innerhalb des elektromagnetischen Weltbildes definiert werden, wenn man noch dazu nimmt, daß die in (73) besprochene, über jeden Zweifel sichergestellte Abhängigkeit der Masse von der Geschwindigkeit und Temperatur, die ohnehin zu einer neuen Grundlegung der Mechanik zwänge, sich nicht bloß glatt in dieses Weltbild einfügt, sondern auch eine notwendige Folge desselben ist, dann erscheint es mir fast unnötig, noch nach anderen Gründen für die Annahme jener Hypothese zu suchen.

Wenn man will, kann man das elektromagnetische Weltbild als eine höhere Ausbildung des alten mechanischen Weltbildes ansehen. Es besitzt den großen Vorzug des mechanischen Weltbildes, den Vorzug der Anschaulichkeit, indem es dieselben oder analoge Konstruktionen wie das mechanische Bild zu machen gestattet, ohne aber in seiner Richtigkeit von der Ausführbarkeit derartiger Konstruktionen abhängig zu sein. Es überwindet dagegen in selbstverständlichster und elegantester Weise die Schwierigkeiten, die dem mechanischen Bild aus den schon erwähnten und anderen Erfahrungen der modernen Forschung erwachsen.

Man könnte das Weltbild auch auf Grund des Umstandes, daß es die Materie aus Elementarquanten der Elektrizität aufbaut und der Materie dadurch einen gewissen energetischen, der Elektrizität hingegen einen gewissen materiellen Charakter gibt, als eine Synthese auffassen, in der alles Gute des mechanischen und energetischen Weltbildes vereinigt, alles weniger Gute eleminiert ist.

76. Der dritte physikalische Gedankenkreis, der uns in unseren Untersuchungen dienen soll, besteht in den Resultaten der Erörterungen über die für die Optik ganz außerordentlich wichtige Frage, ob der Äther an der Bewegung der Körper teilnimmt oder nicht. Die Annahme eines mit den Körpern bewegten Äthers führt zu so vielen Schwierigkeiten, und hat so entschieden die unbezweifelten Ergebnisse von Versuchen gegen sich[1]), daß man sie fast allgemein hat fallen lassen. Dagegen ist es Lorentz gelungen, auf Grund der Annahme einer absoluten Ruhe des Äthers, die auch durch Experimente gestützt ist, alle optischen Erscheinungen widerspruchslos darzustellen und — mit einer

---

[1]) Vgl. das Referat von W. Wien, Beilage z. d. Ann. d. Phys. 65, 1898; Lorentz, Abhandl. über theoretische Physik, I. Bd., S. 395 ff., Leipzig 1907.

Ausnahme — alle zur Entscheidung der Streitfrage benutzten Versuchsergebnisse, die gegen seine Annahme sprachen oder neutral waren, zu deuten, soweit eine theoretische Erklärung nötig war und nicht einfach zweifelhafte Experimente vorlagen[1]). Die einzige Ausnahme, zu deren Erklärung eine eigene Hypothese nötig ist, bildet der berühmte Michelson-Morleysche Versuch[2]). Ich gebe kurz das Schema des Versuches. Wir nehmen drei Punkte B, A, C an, die so geordnet sind, daß die Verbindungslinie AB auf der Linie AC senkrecht steht. Läßt man nun zu gleicher Zeit Licht von A nach B und C und wieder zurück nach A gehen und stellt man währenddessen AB in die Bewegungsrichtung der Erde, so wird, unter der Voraussetzung eines ruhenden Äthers, bei der Rückkehr der Lichtstrahlen nach A daselbst ein anderer Wegunterschied als bei ruhender Erde vorhanden sein, der eine Verschiebung der Interferenzstreifen hervorruft. Dreht man das System um 90^0, so daß AC in die Bewegungsrichtung fällt, so wird eine umgekehrte Verschiebung der Streifen entstehen. Es läßt sich berechnen, daß die Veränderung in der Lage der Streifen, die den beiden Stellungen des Systems entspricht, so groß ist, daß sie zur Beobachtung kommen muß, wenn sie überhaupt vorhanden ist. Aber trotz der sorgfältigen Messungen der beiden Forscher ergab sich keine Änderung, deren Betrag nicht innerhalb der Versuchsfehler gelegen wäre.

Um dieses negative Resultat zu deuten, haben Lorentz und Fitzgerald angenommen, daß die Dimensionen der Körper von ihrer Bewegung im absolut ruhenden Äther abhängig seien, so daß durch die Bewegung der Erde entweder die in die Bewegungsrichtung fallende Dimension verkürzt oder die dazu senkrechte verlängert wird; bei passender Wahl dieser Abhängigkeit kann offenbar das negative Resultat abgeleitet werden. Eine

---

[1]) Lorentz, Versuch einer Theorie der elektrischen und optischen Erscheinungen in bewegten Körpern. 2. Abdr., Leipzig 1906; Elektronentheorie, Enzykl. d. math. Wissenschaft, Bd. V_2, 1904; Drude in Winkelmanns Handb. d. Phys., VI. Bd., S. 1364 ff., Leipzig 1906; Drude, Lehrb. der Optik, 2. Aufl., S. 445 ff., Leipzig 1906.

[2]) Wenn wir nicht auf dem Gebiete der Optik bleiben, so bildet außerdem noch das Kondensatorexperiment von Trouton und Noble eine solche Ausnahme, deren Deutung sich aber gleichfalls in den Rahmen der oben folgenden Anschauung einfügt (vgl. Lorentz, Enzykl., S. 259 u. 278).

Erklärung für diese Annahme findet man, „wenn man sich vorstellt, daß die Molekularkräfte, die in letzter Instanz Größe und Gestalt eines Körpers bedingen, in ähnlicher Weise wie die elektromagnetischen Wirkungen durch den Äther vermittelt werden. Dann liegt es ja nahe, sich zu denken, daß Intensität und Richtung dieser Kraft geändert werden, sobald die Moleküle sich durch den Äther verschieben"[1]). Gewiß verdient diese Hypothese den Vorwurf, daß sie ad hoc ersonnen sei; aber dieser Vorwurf hat bis jetzt noch nichts gegen die Überzeugung vermocht, daß die Voraussetzung eines bewegten Äthers unbrauchbar ist. Wohl hat man noch andere Annahmen versucht, die aber wegen ihrer Sonderbarkeit nur vereinzelt vertretene, flüchtige Gedanken geblieben sind. Überdies kann man, wie Lorentz gezeigt hat, die Hypothese in einen weiteren Zusammenhang einordnen, so daß sie nicht nur nicht isoliert steht, sondern sogar eine notwendige Konsequenz darstellt. Das ist der Fall, wenn man sie in die vorhin (75) besprochene Anschauung einfügt und die von den in (74) dargelegten Eigenschaften eines bewegten Elektrons geforderte und auch sonst nahe gelegte Annahme macht, daß das Elektron eine von der Geschwindigkeit abhängende Gleichgewichtsform besitzt, deren genauere Bestimmung Sache der Theorie und des Experimentes ist. Diese Annahme einer Deformation des Elektrons hat zur Folge, daß es keine Überlichtgeschwindigkeit geben kann, da in diesem Falle der Widerstand des Elektrons unendlich groß würde. Es mag auch hervorgehoben werden, daß eine Änderung der Dimensionen der Körper von dem vorgetragenen Standpunkte aus unter keinen Umständen direkt beobachtbar werden kann, weil die Änderung ja alle mit der Erde verbundenen Größen in entsprechender Weise betrifft[2]).

77. In den vorstehenden Betrachtungen von (74) an steckt noch ein stark hypothetisches Element, das wohl nur deshalb

---

[1]) Lorentz, Enzykl., S. 277.

[2]) Es ist mehrmals versucht worden, auf Grund einer genaueren Diskussion der theoretischen Grundlagen des Michelson-Morleyschen Versuches ihm die Exaktheit abzusprechen, ohne daß aber derartige Überlegungen allgemeine Anerkennung gefunden haben. Lüroth (Sitzungsber. d. Kgl. Bayer. Ak. d. Wiss. Math.-phys. Kl. 1909, 7. Abh.) untersucht z. B., ob sich das Resultat des Versuches durch den Einfluß der Zentrifugalkraft erklären läßt.

nicht ohne weiteres als solches bemerkt wird, weil es nicht nur in der auf den Gebrauch von Vorstellungen angewiesenen populären Naturwissenschaft als etwas absolut Richtiges und Selbstverständliches behandelt zu werden pflegt, nämlich der Äther. In den Anfängen der Wellentheorie des Lichtes legte die Analogie mit den Schallwellen die Annahme eines die Lichtwirkungen vermittelnden Mediums direkt nahe. Seitdem hat der Äther eine seltsame Rolle in der Physik gespielt. Einmal legte man ihm die widersprechendsten Eigenschaften bei, teilweise willkürlich, insofern jeder ihm vom Standpunkte des Spezialgebietes aus, das er gerade bearbeitete, die zur Ableitung nötigen Eigenschaften zuschrieb, teilweise gezwungen, indem man an gewissen allgemeinen Eigenschaften auf den meisten Standpunkten nicht vorbeikam, die indes weitab von allem Verständlichen und Erfahrbaren lagen[1]. Fürs andere aber tat der Äther ruhig in der Physik seine Schuldigkeit; man fühlte instinktiv, daß man ihn brauchte, und kümmerte sich um die Widersprüche nicht. Diese Verhältnisse zeigen, daß der Äther zum Teil in der Physik die Rolle eines bloßen Hilfsmittels spielt, etwa eines Gerüstes, das zum Bau verwandt wird; selbstverständlich ist durch sie nicht bewiesen, daß er nur ein Gerüst ist, das einmal ganz abgebrochen werden kann. Durch die elektromagnetische Theorie als Feldwirkungstheorie erhielt die Ätherhypothese eine gewaltige Stütze, und als sogar die elektromagnetische Theorie in die höhere Theorie der Elektronen aufgenommen wurde, verschwanden mit einem Male alle die widersprechenden Eigenschaften, die dem Äther von den physikalischen Einzelgebieten aus zugelegt wurden. Nur zweier spezieller physikalischer Eigenschaften, nämlich zweier Abweichungen vom Gleichgewichtszustand, von denen die eine eine dielektrische Verschiebung ist, die andere sich durch eine magnetische Kraft dokumentiert, bedarf man jetzt, um, von dem noch idealen Standpunkte der umfassendsten Theorie aus gesprochen, alle Naturkräfte abzuleiten.

Trotz dieser Vereinfachung wird jetzt aber das Gesamtbild des Äthers überaus merkwürdig und führt zu seltsamen Konsequenzen. Die Grundvoraussetzung ist, daß der Äther absolut

---

[1]) Man vergleiche die Diskussion der Ätherhypothesen bei Becher, Philosophische Voraussetzungen der exakten Naturwissenschaften, S. 232 ff. Leipzig 1907.

ruht, d. h. im Sinne von Lorentz, daß sich die Volumelemente des Äthers nicht relativ zueinander bewegen können; nur unter dieser Annahme läßt sich eine vollständige und widerspruchslose Theorie aufbauen.

Aus dieser Grundvoraussetzung folgt erstens, daß der Äther die Elektronen (und auch die ponderable Materie, falls wir eine solche noch neben den Elektronen annehmen) durchdringen muß. Diese Durchdringung bedeutet die Einnahme desselben Ortes; damit ist das Prinzip der Undurchdringlichkeit aufgehoben. Die Durchdringung darf nicht im atomistischen Sinne verstanden werden, weil diese Auffassung einmal der Anschauung vom Elektron widerspricht, vor allem aber, weil sie sich ebensowenig wie die Ablehnung jeder Durchdringung mit der Grundvoraussetzung vereinigen läßt. Wenn sich nämlich dort, wo das Elektron oder Teile desselben wären, kein Äther befände, so müßten im Falle der Fortbewegung des Elektrons an seine Stelle Volumelemente des Äthers treten, was nach der ersten Annahme nicht möglich ist.

Aus der Grundvoraussetzung folgt zweitens, daß wohl der Äther auf das Elektron, nicht aber das Elektron auf den Äther Kräfte ausüben kann. Denn Kräfte beschleunigen; wenn also das Elektron auf den Äther Kräfte ausüben würde, so müßten die Volumelemente des Äthers sich gegeneinander verschieben, was jener Voraussetzung widerspricht. Der Äther darf keine Trägheit besitzen. Das elektrische und das magnetische Feld, die das Elektron im Äther erregt, können demnach nicht als eine besondere Ordnung der Volumelemente des Äthers verstanden werden. Sie sind lediglich als Abweichungen vom Gleichgewichtszustand, wie oben, oder als Stellen ausgezeichneter Beschaffenheit im Äther zu definieren, deren nähere Charakterisierung, abgesehen natürlich von den Symbolisierungen wie z. B. den Kraftlinien u. a., nur mathematisch gegeben werden kann.

In dieser zweiten Konsequenz liegt ein Widerspruch mit dem Prinzip der Gleichheit von Wirkung und Gegenwirkung oder, was hier auf dasselbe hinausführt, dem Prinzip der Erhaltung des Schwerpunktes beschlossen, den man sich auf verschiedene Weise klar machen kann. Wenn der Äther die Bewegung des Elektrons beschleunigt, so kann dieser Wirkung auf das Elektron keine Gegenwirkung auf den Äther entsprechen, weil der Äther ja ohne Trägheit ist. Denken wir uns ferner einmal eine im Äther ruhende Platte, deren eine Seite infolge höherer Temperatur ein größeres Strahlungsvermögen besitzt als die andere. Unter dem Einfluß des Strahlungsdruckes müßte die Platte sich nach der Seite des kleineren Strahlungsvermögens hin in Bewegung setzen; die Platte würde also ihren Schwerpunkt lediglich auf Grund ihrer eigenen Energie verlegen können.

Betrachtet man die Grundvoraussetzung und ihre Konsequenzen noch von höheren Gesichtspunkten aus, so fällt zunächst auf, daß diese Form der Ätherhypothese sich dem Prinzip der Anschaulichkeit entzieht. Die anschaulichen Elemente sind nur die Elektronen und ihre Konfiguration; die anschauliche Deutung der Felder ist prinzipiell ausgeschlossen. Dabei ist nun noch zu beachten, daß erstens der Äther doch etwas Selbständiges neben den Elektronen und dem Raum, etwas Substantielles ist, und daß zweitens gerade die nicht anschaulich vorstellbaren Gleichgewichtsstörungen in ihm die einzige Voraussetzung zur Ableitung der sämtlichen funktionalen Verknüpfungen der Natur darstellen. Weiterhin ließe sich auch noch die Frage diskutieren, ob nicht die Ätherhypothese — die ja überhaupt in eine strenge Einheitlichkeit des physikalischen Weltbildes einen Dualismus hineinbringt, solange man einen genetischen Zusammenhang ausschließt — in der heutigen Gestalt aus dem oben schon genannten Grunde sich dem Prinzip der Einheitlichkeit um so weniger fügt, als nach ihr gerade in dem hypothetischen Element des Weltbildes die einzige Kraftquelle der Natur sich verbirgt.

Diese oder ähnliche Überlegungen über den Charakter der Ätherhypothese, die manchmal auch nur ein wenig klares Ahnen oder ein glücklicher Instinkt geblieben sind, bilden den Grund dafür, daß die heutigen Physiker die Hypothese nur noch deshalb als provisorisches Hilfsmittel beibehalten, weil ihr Augenmerk mit einem gewissen Recht mehr auf die Brauchbarkeit einer Hypothese als auf ihre Einordnung in weitere Gedankenzusammenhänge gerichtet ist, und weil die besprochene Form der Ätherhypothese eben ihre Brauchbarkeit innerhalb der theoretischphysikalischen Betrachtungen im allgemeinen bewiesen hat. Nur einzelne unter ihnen [1]) haben — ob aus physikalischen oder aus

---

[1]) Z. B. Drude, Physik des Äthers, S. 9, Stuttgart 1894; Lehrb. d. O., S. 445; Abraham, Elektrom. Theorie, Vorwort, S. V. Wenn Brill (Vorles. zur Einf. in die Mechanik raumerfüllender Massen, S. 228,

allgemeineren Motiven, sei dahingestellt — nach einem besseren Ersatz gesucht und sind auf den Gedanken gekommen, den Äther mit dem Raume zu identifizieren, d. h. **den Raum als quasimaterielle Substanz zu fassen,** quasimateriell deshalb genannt, weil sie die beiden oben erwähnten physikalischen Eigenschaften besitzt, im übrigen aber vollständig *sui generis* ist. Der Gedanke ist geradezu genial; er ersetzt die Ätherhypothese völlig, macht aber alle ihre Schwierigkeiten mit einem Schlage verschwinden. So ist offenbar jetzt das Prinzip der Gleichheit von Wirkung und Gegenwirkung nicht verletzt, weil das Prinzip nur für Materie gilt[1]). Aus dem gleichen Grunde vermag die Aufhebung des Prinzips der Undurchdringlichkeit nichts mehr zu bedeuten, da es ja eine alltägliche Erfahrung ist, daß ein Körper da ist, wo Raum ist; jene Identifizierung macht die sonst so

---

Leipzig u. Berlin 1909) meint, der Äther sei auch für Lorentz nur der leere Raum, so fasse ich diese Bemerkung wenigstens als ein weiteres Anzeichen dafür auf, daß die Einsicht in die Brauchbarkeit jener Identifizierung sich immer mehr verbreitet (vgl. S. 231).

[1]) Theoretische Überlegungen, die schon mit Maxwell anfingen, haben zu dem Resultat geführt, daß die Strahlung im freien Raume eine Bewegungsgröße besitzt (vgl. 73), und dieses Resultat ist ja auch durch die Versuche über den Lichtdruck experimentell bestätigt worden. Man ist also gezwungen, der Strahlung den Charakter einer Massenausstrahlung beizulegen. Auf Grund dieser Überlegungen läßt sich der Widerspruch gegen das Prinzip der Gleichheit von Wirkung und Gegenwirkung auch unter Beibehaltung der Ätherhypothese heben, wie mehr oder weniger deutlich Poincaré (Arch. néerl. [2] 5, 252, 1900), Wind (Arch. néerl. [2] 5, 608, 1900), Einstein (Ann. d. Phys. 20, 627, 1906) und Bucherer (Verh. d. Deutsch. Phys. Ges. 10, 690, 1908; Ann. d. Phys. 28, 513, 1909) bemerkt haben (vgl. auch Lorentz, Enzykl., S. 162 f.). Man kann nämlich nach dem Vorstehenden die Ausstrahlung eines Körpers als eine durch abstoßende Kräfte erfolgte Trennung träger Massen ansehen, wodurch offensichtlich dem Prinzip genügt wird. Diese Erweiterung des Massenbegriffs, die zwar auch aus dem physikalischen Relativitätsprinzip folgt, aber nicht notwendig mit ihm verbunden ist, führt, wie Bucherer mit vollem Rechte hervorhebt, „zu der Auffassung der ponderablen Materie als einer Form des Äthers, sie führt zur Entmaterialisierung der Materie" (Ann. d. Phys. 28, 536, 1909). Wenn man aber die Hypothese des Äthers als überflüssig und widerspruchsvoll ablehnt und wenn man, was aus verschiedenen Gründen nahe gelegt wird, den Raum an seine Stelle setzt, so folgt, wie die Ausführungen im Text noch näher darlegen werden, aus jener Erweiterung die Auffassung der ponderablen Materie als einer Form des Raumes.

merkwürdige Ansicht von der gegenseitigen Durchdringung einfach zur Notwendigkeit, weil Körper als Körper ja nur im Raum und durch den Raum existieren können. Natürlich fallen die allgemeineren Schwierigkeiten hier schon deshalb weg, weil der Äther eine hypothetische Erweiterung, der Raum aber einen unter allen Umständen notwendigen Bestandteil des physikalischen Weltbildes darstellt. — **Die Ersetzung des Äthers durch den Raum ist für das physikalische Weltbild eine Forderung des Prinzips der Ökonomie.** Nach der Äußerung Machs[1]) zu der ähnlichen Buddeschen Ansicht[2]) und nach einer gelegentlichen Bemerkung Langes[3]) glauben wir, daß in der vorgetragenen Identifizierung ein Mittel mehr zur Verständigung zwischen Relativisten und Absolutisten geschaffen ist.

Man hat es als „mathematisch undenkbar" und als einen „inneren Widerspruch" angesehen, daß sich in einem homogenen, strukturlosen, unbegrenzten Medium ein Bezugssystem „festlegen" lasse[4]). Derselbe Einwand würde natürlich auch bei unserer Identifizierung den Raum treffen. In dem Einwand liegt indes eine Verwechslung der praktischen oder auch nur in der Vorstellung ausgeführten Koordination mit der theoretischen Denkbarkeit und logischen Widerspruchslosigkeit vor, oder, um eine scholastische Distinktion zu gebrauchen, eine Verwechslung der *causa cognoscendi* mit der *causa essendi*. Obgleich wir nun früher (37) schon allgemein bewiesen haben, daß wir in einem solchen Medium gewiß praktisch kein gegen das Medium ruhendes Koordinatensystem festlegen können, daß es aber dennoch erlaubt ist, von Ruhe und Bewegung gegen das Medium zu reden, so sei doch auch noch angedeutet, aus welchen Gründen jene Schwierigkeit in unserem speziellen Falle nicht besteht. Zunächst würde sie, wenn sie zu Recht bestände, die Relativitätstheorie (79) in gleicher Weise treffen, da die letztere die Lichtgeschwindigkeit als (gegen das Medium) absolut nehmen muß[5]). Zweitens ist die

---

[1]) Mach, Mechanik, S. 257.
[2]) Budde, Allgem. Mech., I. Bd., S. 322.
[3]) Lange, Gesch. Entw., S. 124.
[4]) Bucherer, Verh. d. Deutsch. Phys. Ges. 10, 688, 1908; Ann. d. Phys. 28, 533, 1909.
[5]) W. Wien, Sitzungsber. d. Phys.-med. Ges. Würzburg 1909. S.-A. S. 5.

Lorentzsche Theorie von der Voraussetzung einer unendlichen Ausdehnung des Äthers unabhängig. Drittens würde, selbst wenn alles bisher Gesagte nicht zuträfe, der nichteuklidische Charakter des Raumes die Schwierigkeit heben. Und genügen endlich viertens die Gleichgewichtsstörungen im Äther (oder Raum) nicht, um, wie Russell[1]) sagt, detruire l'homogénéité de l'espace vide? Wer jene von Bucherer ausgesprochene Schwierigkeit in der Lorentzschen Theorie und ihrer Weiterbildung doch noch findet, könnte also auch durch eine einfache Umkehrung der Gedankenfolge darüber wegkommen; er brauchte nur zu definieren: Ich nenne ein Elektron dann gegen den Äther (oder Raum) ruhend, wenn es nur ein elektrisches Feld besitzt. Die Schwierigkeit hängt ja immer an der Grunddefinition; une science des relations de position[2]) haben wir gar nicht nötig. Der Gedanke dieses Punktes läßt sich aber noch entscheidender verwenden, wenn man beachtet, daß ja eine Wirkung des Äthers (oder des Raumes) auf den Körper stattfindet (gleichgültig, ob mit oder ohne Deformation); daß hieraus die Absolutheit des Äthers (oder Raumes) folgt, ist klar[3]).

78. Philosophen haben, weil ihnen die Rolle des Äthers in der Physik gleichfalls zu seltsam vorkam, einen anderen als den eben gezeichneten Ausweg einzuschlagen versucht, indem sie die Ätherhypothese fallen ließen und zeitlich sich fortpflanzende Fernkräfte annahmen[4]).

Nun scheint es allerdings, daß sich ein direkter Widerspruch in der Annahme einer zeitlichen Fortpflanzung von Fernwirkungen nicht nachweisen läßt. Daraus, daß der Grund der zeitlichen Fortpflanzung von vermittelten Wirkungen gerade in dem Vermittelungscharakter liegt, kann man natürlich nicht schließen, daß unvermittelte Wirkungen momentan geschehen müßten. Aber die Vermutung eines solchen Zusammenhanges liegt unserem Denken doch nahe, weil durch die Hereinnahme des zeitlichen Momentes in die Vorstellung der Fortpflanzung eine Tendenz zur

---

[1]) Russell, Essai sur les fondements de la géométrie. Trad. par Cadenat, S. 97. Paris 1901.
[2]) Russell, l. c.
[3]) Vgl. Russell, a. a. O., S. 191 f.
[4]) Becher, Phil. Vorauss., S. 237 ff.

vollen Auswirkung des Prinzips der Anschaulichkeit gegeben ist. Ähnlich steht es weiterhin mit der Befürwortung der Fernwirkung überhaupt. Auch hier ist das, was man für ihre absolute Unmöglichkeit vorbringt, entweder eine Spielerei mit dem vieldeutigen Begriffe der Wirkung oder ein Ausfluß der Denkgewöhnung. Man muß sich stets klar halten, daß beides, Fernwirkung so gut wie Nahewirkung, bereits eine Deutung in den Erfahrungsbefund hineinträgt. Immerhin darf man aber auch nicht übersehen, daß einzelne Momente in der Erscheinungsweise der Kräfte selber der Annahme einer Fernwirkung Schwierigkeiten bereiten, während sie die Nahwirkung direkt andeuten, so z. B. der periodische Charakter der Strahlungserscheinungen, die Brechung, die Reflexion u. a.; auch die Abhängigkeit der Kraft vom Quadrate der Entfernung bei der Gravitation, die noch am meisten vom Typus der Fernwirkung an sich hat, weist auf Vermittlung hin. Man kann hier, wie beispielsweise auch beim Atomismus, gewiß nicht von Denknotwendigkeit sprechen, aber auch nicht von Denkgewöhnung; ich möchte lieber sagen, derartige Annahmen beruhen auf einer Denknötigung.

Soweit nicht die Naturauffassung ein bestimmendes Motiv ist, ist in der Naturwissenschaft die Frage nach Fern- oder Nahewirkung eine Frage der Bequemlichkeit — das Wort genommen im Sinne einer Anpassung an die Tatsachen und unser Denken. Es kann aber vorkommen, daß Erfahrung und Theorie auf einem bestimmten Gebiete für eine der beiden Annahmen sprechen; und das ist in der Tat der Fall bei den elektromagnetischen Erscheinungen [1]. Lorentz hat schon vor Jahren hervorgehoben [2] und würde es heute noch mit größerem Rechte tun können, daß „bei dem jetzigen Stande unserer Kenntnisse von einer Theorie, welche die Erscheinungen in nichtleitenden Körpern, speziell im Äther,

---

[1] Wenn Becher sagt, der Nachweis der zeitlichen Fortpflanzung elektromagnetischer Störungen habe der Ätherhypothese auch einen argen Stoß erteilt, indem er die nahe Analogie zwischen Licht und Schall, die natürlichste Grundlage der Ätherannahme, zerstörte, so ist darauf einmal zu erwidern, daß diese Analogie nur ein historisch-psychologischer Grund war, und fürs zweite, daß die Behauptung einer Zerstörung dieser Analogie doch den Fernwirkungscharakter schon voraussetzt.

[2] Lorentz, Enzykl., Bd. V$_2$, S. 141.

ignorieren würde, nicht mehr die Rede sein kann"; und wenn Becher meint[1]), sein Standpunkt erinnere an eine Helmholtzsche Auffassung, so darf er wohl auch daran erinnert werden, daß gerade Helmholtz die reine Fernwirkungstheorie nicht vertreten hat, sondern unter dem Zwange der von Lorentz erwähnten Tatsachen eine dielektrische Polarisation im reinen Äther annahm. Somit erscheint der in der vorigen Nummer (77) besprochene Versuch, um die Schwierigkeiten der Ätherhypothesen herumzukommen, allein annehmbar.

Man könnte von einer Fernwirkungstheorie auch bei dem letzterwähnten Falle aber noch in einem anderen Sinne reden, der indes die Ätherhypothese nicht aufhebt, sondern notwendig einschließt. „Man kann sich vorstellen, daß der an irgend einer Stelle des Raumes, sei es im Äther oder in der ponderablen Materie, bestehende Zustand einen unmittelbaren Einfluß an entfernten Stellen ausübt[2])." Daraus ist zu ersehen, „daß sich, mathematisch gesprochen, eine scharfe Grenze zwischen der Feldwirkungs- und der Fernwirkungstheorie nicht ziehen läßt. Man kann eben mit demselben Gleichungssystem zweierlei Vorstellungen verbinden[3])."

Man merkt ohne weiteres, daß die von Lorentz gemeinte Form der Fernwirkungstheorie nur eine spezielle Wendung des von Hertz inaugurierten phänomenologischen Standpunktes ist, der sich mit widerspruchslosen Gleichungssystemen begnügt, nachdem er durch zweckmäßige Bilder zur Erkenntnis der in den Gleichungen ausgedrückten Gesetzmäßigkeiten gekommen ist, und den im besonderen bei unserer Frage wegen der von der Ätherannahme herrührenden Schwierigkeiten auch Physiker eingenommen haben. Bestehen indes die in den Gleichungen ausgedrückten Gesetzmäßigkeiten nur zwischen mathematischen Symbolen, die ohne Beziehung zu physikalischen Größen sind, dann ist die Physik Mathematik, und der Standpunkt hebt sich, insofern er ein physikalischer bleiben will, selbst auf. Denn tatsächlich haben die Ausgangsgleichungen (die Ansätze) oder die ihnen zugrunde liegenden primitiven Gleichungen direkte Beziehungen zu physi-

---

[1]) Becher, a. a. O., S. 237.
[2]) Lorentz, a. a. O., l. c.
[3]) Lorentz, a. a. O., S. 144.

kalischen Zuständen, und das ganze Gleichungssystem wird doch nur aufgestellt, um bestimmte Erfahrungsgebiete einheitlich zusammenzufassen; die Prüfung der Schlußformel ist immer wieder Aufgabe der Tatsachen der Wirklichkeit, mag man unter Wirklichkeit was immer verstehen. Bestehen aber jene Gesetzmäßigkeiten zwischen physikalischen Zuständen, dann ist damit im Grunde das rein phänomenologische Prinzip durchbrochen, und es macht vom phänomenologischen Standpunkte aus prinzipiell keinen Unterschied mehr, wie weit man die Korrespondenz zwischen mathematischem und physikalischem System treibt, d. h. ob man nur einem Teil oder ob man dem Ganzen des mathematischen Gleichheitssystems eine physikalische Unterlage gibt, wobei selbstverständlich die lediglich Transformationszwecken dienenden Teile auszuschließen sind. Der phänomenologische Standpunkt kommt also in unserem speziellen Falle entweder auf die Fernwirkungstheorie im weiteren Sinne zurück, und diese ist heute nicht mehr möglich, oder er hebt sich als extrem-phänomenologischer Standpunkt selber auf. Diese Betrachtung gilt natürlich nur für den Fall, daß man den phänomenologischen Standpunkt zu einem vollständigen, endgültigen, abschließenden Standpunkt macht, daß man in ihm das letzte Resultat unserer Naturerkenntnis finden will. Es mag sogar sein, daß eine phänomenologische Anschauung ein letztes und abschließendes Ziel der Physik ist — allerdings nur ein relativ letztes und abschließendes, weil das Ziel der Physik nie erreicht wird, weil aber zu jeder Erweiterung und Erneuerung eines vorläufigen Zieles das Anknüpfen an anschauliche Bilder psychologisch notwendig ist. Aber das wäre erstens nur ein Ziel der Physik, d. h. eine Anschauung, die von dem begrenzten und einseitigen Standpunkte der Physik gesehen ist. Die Wirklichkeit wird uns nicht verständlicher, wenn der Physiker sie in Differentialgleichungen auflöst, sondern nur die mathematisch ausdrückbaren formalen Verhältnisse in der Wirklichkeit werden dadurch verständlich; das Wesen der Welt ist nicht Mathematik. Und das wäre zweitens nur ein Ziel der Physik, nämlich ein Ziel der mathematischen Seite der Physik. Es wäre ein Ziel der Physik nur unter der Voraussetzung, daß die physikalischen Verhältnisse der Wirklichkeit sich restlos in Mathematik auflösen ließen; das ist aber ebenso unmöglich wie die Auflösung der gesamten Wirklichkeit in Mathematik. Die

Berechtigung und der Nutzen einer phänomenologischen Theorie in der Physik soll also durchaus nicht bestritten werden; nur darf man in bezug auf die Wirklichkeit ihren **physikalischen Charakter**, in bezug auf die physikalischen Verhältnisse der Wirklichkeit ihre Rolle als mathematisches Hilfsmittel nie vergessen.

Es ist nun am Schlusse dieser Überlegungen wichtig, die Fernwirkungstheorie noch unter einem anderen Gesichtspunkte zu betrachten. Man wird ohne Schwierigkeit erkennen, daß in der Identifizierung des Äthers mit dem Raum dem Grundgedanken der Fernwirkungstheorie, das vermittelnde Medium als überflüssig wegzuschaffen, Rechnung getragen ist, während andererseits die Schwierigkeiten, die der Vorstellung einer Fernwirkung durch die notwendige Annahme von endlicher Geschwindigkeit und durch die physikalischen Tatsachen erwachsen, durch die Festsetzung weniger physikalischer Eigenschaften des Raumes überwunden sind. So stellt diese Fassung des Raumes eine Synthese der berechtigten Momente der Fernwirkungs- und der Äthertheorie dar unter Ausscheidung der unberechtigten.

Die Betrachtung und die Beurteilung **naturwissenschaftlicher** Versuche zur Ausschaltung der Ätherhypothese können aus einem gleich anzugebenden Grunde auf einige Andeutungen beschränkt werden. Man kann es sicherlich nicht als einen brauchbaren Ersatz für die Ätherhypothese ansehen, wenn beispielsweise Bucherer[1]) von ausschließlichen Wirkungen von Materie zu Materie oder W. Ritz[2]) von fiktiven Partikeln oder, was dasselbe sei, von substantialisierter Energie redet, die hinausgeschleudert werde (projetée et non propagée). Derartige Vorstellungen stimmen teils im wesentlichen mit der Äthervorstellung überein, teils sind sie noch gezwungener und seltsamer. Analoges gilt für die heute auftretende Lichtquantentheorie, soweit sie eine Art Erneuerung der Newtonschen Emissionstheorie ist. Sie wird wohl ihre Entstehung hauptsächlich drei Umständen verdanken: 1. Sie verhilft auf gewissen engeren Gebieten zu einer bequemen theoretischen Darstellung. Dann deutet sie aufs selbstverständlichste 2. die Tatsache, daß die Strahlung eine Bewegungs-

---

[1]) Bucherer, Ann. d. Phys. 11, 282, 1903.
[2]) Ritz, Ann. Chim. Phys. 13, 150, 185, 208, 1908.

größe besitzt, und 3. vereinzelte Erfahrungen, die dafür zu sprechen scheinen, daß die Stirnflächen der Lichtwellen nicht kontinuierlich sind, sondern eine Struktur haben. Weil nun aber erstens die hier berührten Daten nicht notwendig an eine Theorie in der Newtonschen Form gebunden sind, weil zweitens die Lichtquantentheorie in dieser Form auch noch nicht einen Ansatz zur widerspruchslosen Zusammenfassung der Erscheinungen gemacht hat, und weil drittens eine solche Zusammenfassung nach unserem ganzen bisherigen experimentellen und theoretischen Wissen aufs höchste unwahrscheinlich ist, so genügen die obigen Gründe nicht, um die Strahlungstheorie beiseite zu setzen, sie können nur zeigen, an welchen Punkten und in welchem Sinne sie einer Erweiterung fähig und bedürftig ist, und dadurch eine Art Synthese zwischen ihr und der Emissionstheorie anbahnen [1]). So wenig aber überhaupt eine speziellere Ausbildung unserer Vorstellung von diesen Dingen heute feststeht, so viele Rätsel uns auch Erfahrung und Theorie noch aufgeben, — um die beiden Annahmen kommt man heute schwerlich mehr herum, daß erstens in irgend einer Form zwischen der Materie ein Medium, ein „unsichtbares Universum" existiert, und daß zweitens, um die schönen Worte von J. J. Thomson zu gebrauchen [2]), „die Naturerscheinungen Gebilde sind, die auf den Webstühlen dieses unsichtbaren Universums gewebt sind". Zu welchen Vorstellungen und Benennungen man demnach auch kommen mag, sie werden alle nur Variationen und Weiterbildungen der Ätherhypothese darstellen. Dabei bleiben aber neben den neu hinzukommenden Merkwürdigkeiten im allgemeinen die wesentlichen Schwierigkeiten dieser Hypothese und damit auch immer die Motive bestehen, die über sie hinauszugehen zwingen.

79. Man hat versucht, der in (76) berührten Lorentzschen Theorie in einer gewissen Hinsicht die Einsteinsche Theorie entgegenzusetzen, die auf dem physikalischen Prinzip der

---

[1]) Einstein, Verh. d. Deutsch. Phys. Ges. 11, 482, 1909, wozu aber (79) zu beachten ist; Planck, Ann. d. Phys. 31, 758, 1910; Ber. d. Deutsch. Phys. Ges. 13, 138, 1911; Sommerfeld, Phys. Zeitschr. 10, 969, 1909; Lorentz, Phys. Zeitschr. 11, 349, 1910.
[2]) J. J. Thomson, Phys. Zeitschr. 9, 550, 1908.

Relativität beruht, wie wir es zum Unterschied von dem phoronomischen Relativitätsprinzip (4) nennen wollen [1]). Dieses Prinzip sagt in seiner allgemeinsten Form, daß die in einem starren System beobachtbaren physikalischen Erscheinungen unabhängig davon sind, ob sich das System mit dem Beobachter relativ zu einem anderen System bewegt [2]). Auf Grund dieses Prinzips und der Annahme der Konstanz der Lichtgeschwindigkeit kommt Einstein zu den Gleichungen der Lorentzschen Theorie [3]). Ein Vergleich beider Theorien ist für uns eben wegen des Punktes wichtig und notwendig, weshalb man sie in Gegensatz brachte; man glaubte nämlich, daß durch die formale Unabhängigkeit der Einsteinschen Theorie von den Begriffen des Äthers oder des absoluten Raumes die Überflüssigkeit dieser Begriffe für die Elektrodynamik und Optik und das physikalische Weltbild überhaupt dargetan sei, und Einstein

---

[1]) Nachdem Kaufmann (Sitzungsber. d. Kgl. Preuß. Akad. d. Wissensch. Berlin 1905, S. 949; Ann. d. Phys. 19, 487, 1906) geglaubt hatte, die Unvereinbarkeit des Prinzips mit der Erfahrung nachgewiesen zu haben, ist seine Gültigkeit durch die Versuche von Bucherer (Phys. Zeitschr. 9, 755, 1908; Verh. d. Deutsch. Phys. Ges. 10, 688, 1908; Ann. d. Phys. 28, 513, 1909), Hupka (Verh. d. Deutsch. Phys. Ges. 11, 249, 1909; Ann. d. Phys. 31, 169, 1910), Wolz (Ann. d. Phys. 30, 273, 1909) unzweifelhaft bestätigt worden. Über die Fehlerquellen bei Kaufmanns Experimenten vgl. Phys. Zeitschr. 9, 761, 1908.

[2]) Fast mit denselben Worten spricht auch Poincaré das Prinzip aus (Wissensch. u. Hyp., S. 77) und nennt es auch „Gesetz der Relativität". Die Form, die er ihm gleich darauf (S. 79) gibt, sagt nur in Worten, was Einstein mathematisch formuliert hat: „Die Ablesungen, welche wir in einem beliebigen Zeitpunkte an unseren Instrumenten machen können, werden einzig von den Ablesungen abhängen, welche wir an denselben Instrumenten in der Anfangszeit machen können." Man braucht diesen Satz nur auf den Michelson-Morleyschen Versuch anzuwenden, um sofort das Einsteinsche Resultat zu erhalten. Einsteins Verdienst ist, dem Prinzip die allgemeinste Formulierung gegeben und ihren Wert gezeigt zu haben; in speziellerer Form wurde es schon von Lorentz angewandt. (Vgl. auch Poincaré, Arch. néerl. 5, 252, 1900.) Über den Charakter des Satzes macht dann Poincaré noch die richtige, ganz mit unserer Auffassung übereinstimmende Bemerkung: „Eine solche Aussage ist unabhängig von jeder Interpretation der Erfahrungstatsachen." Allerdings kann man, wie früher (6. Anm.) schon gezeigt, Poincaré nicht von dem Vorwurf frei sprechen, eine solche Interpretation vorausgesetzt zu haben.

[3]) Einstein, Ann. d. Phys. 17, 891, 1905.

selber hat diesem Glauben Vorschub geleistet, wenn er bemerkt: „Die Einführung eines »Lichtäthers« wird sich insofern als überflüssig erweisen, als nach der zu entwickelnden Auffassung weder ein mit besonderen Eigenschaften ausgestatteter »absolut ruhender Raum« eingeführt, noch einem Punkte des leeren Raumes, in welchem elektromagnetische Prozesse stattfinden, ein Geschwindigkeitsvektor zugeordnet wird [1]."

Indes ist die in jenem Glauben liegende Wertung der Einsteinschen Theorie zu hoch. Das physikalische Relativitätsprinzip ist lediglich ein Rechnungsprinzip [2]. Anders ausgedrückt: Man darf so rechnen, als ob die physikalischen Zustände in relativ unbewegten Systemen von der Gesamttranslation der Systeme unabhängig seien; das Prinzip will und kann nicht darüber entscheiden, ob sie in Wirklichkeit unabhängig sind. Und wenn es auch heute seine experimentelle Bestätigung gefunden hat, so ist dadurch keineswegs erfahrungsgemäß erwiesen, daß das physikalische Geschehen von der Translation unabhängig ist, sondern immer nur dies, daß die theoretischen Folgerungen des Prinzips zutreffen, daß wir also so rechnen dürfen, als ob das Geschehen unabhängig sei. Das Prinzip ist eine Art Pendant zum Superpositionsprinzip, nur scheint es umfassendere Bedeutung zu besitzen. Daß dem so ist, folgt erstens daraus, daß das Einsteinsche Prinzip, wenn es ein Ausdruck physikalischer Tatsachen sein will, in seinen Konsequenzen, z. B. in der, daß zwei Ereignisse, die, von einem Koordinatensystem aus betrachtet, gleichzeitig sind, von einem relativ zu diesem

---

[1]) Einstein, a. a. O., S. 892; vgl. Verh. d. Deutsch. Phys. Ges. 11, 482, 1909.

[2]) Darum allein schon sind wohl die (der Hauptsache nach nicht neuen) Gedanken Minkowskis (Raum und Zeit, Leipzig und Berlin 1909), der zu den drei Raumachsen als vierte die Zeitachse hinzufügt und, weil sich dadurch die Einsteinschen Transformationen geometrisch deuten lassen, glaubt, darin das tiefste Wesen von Raum und Zeit gefunden zu haben, nur einer der vielen Versuche, die Wirklichkeit in mathematische Relationen aufzulösen. Der oben nachgewiesene Charakter des Einsteinschen Prinzips verbietet es überhaupt, das Prinzip zu benutzen, um ein neues Bild von dem Wesen der Materie und des Äthers und ihren wechselseitigen Beziehungen zu konstruieren. Zur Kritik des Prinzips vgl. noch Berg, Das Relativitätsprinzip der Elektrodynamik. Göttingen 1910.

System bewegten System aus betrachtet nicht mehr als gleichzeitige Ereignisse aufzufassen sind, dem allem physikalischen Denken zugrunde liegenden Prinzip der konkreten Bestimmtheit (55) widerspricht. Zweitens läßt es sich an den kinematischen Grundlagen des Prinzips ohne Schwierigkeit nachweisen. Denn wenn man einmal die Lichtgeschwindigkeit und den Weg (Länge) konstant postuliert[1]), dann ist es klar, daß man, da die Geschwindigkeit $= \frac{\text{Weg}}{\text{Zeit}}$ ist, für verschiedene Relativgeschwindigkeiten auch verschiedene Zeiten (Relativzeiten) erhält, daß infolgedessen, wenn man in den Relativsystemen gleichzeitige (gleich nach der Relativzeitskala der Relativsysteme) Abmessungen vornimmt, die Wege (oder Längen) für einen zu der gemessenen Länge bewegten Beobachter scheinbar geändert sind (relative Längen).

Einstein selber steht übrigens unserer Auffassung nahe, wenn er sein Prinzip ein lediglich heuristisches Prinzip nennt[2]). Seine Theorie ist also nichts anderes als eine mathematische Umschreibung der Lorentzschen, somit ist die Übereinstimmung in den Ergebnissen selbstverständlich, und die Abneigung Einsteins und seiner in diesem Punkte unkritischen Anhänger gegen den Äther und den absoluten Raum findet in seiner Theorie gar keine Stütze, sondern nur in anderen, mit der Theorie gar nicht zusammenhängenden Motiven.

Durch diese Bemerkungen soll indes dem Relativitätsprinzip, das übrigens nur für geradlinig-gleichförmige Bewegungen gilt, seine Bedeutung gar nicht genommen werden. Abgesehen davon, daß es den Vorteil einer formalen Unabhängigkeit von speziellen physikalischen Annahmen besitzt, gestattet es, wie die Einsteinsche Arbeit selber beweist, eine ganz erstaunlich elegante und einfache mathematische Behandlung, wird infolgedessen für die mathematische Seite der Physik von hohem Werte sein, vielleicht von noch größerem in der Mechanik, wo es wegen der schon angedeuteten Notwendigkeit einer Veränderung der Grundlagen von fundamentaler Wichtigkeit für den exakten formalen Aufbau der Mechanik zu sein scheint[3]).

---

[1]) Einstein, a. a. O., S. 895—897.
[2]) Einstein, Ann. d. Phys. 23, 206, 1907.
[3]) Ausführungen zu diesem Gedanken bringt Planck in der bei (73) zitierten Abhandlung.

Man kann übrigens das Prinzip noch von einem anderen Gesichtspunkte aus charakterisieren. Es drückt nämlich im Grunde nur aus, daß eine absolute Translation unbeobachtbar ist, ist also eine exakte, in der Praxis der Physik anwendbare Formulierung dieses Gedankens, der sich durch unsere ganze Arbeit durchzieht. In der engeren kinematischen Fassung ist es nur eine mathematische Formulierung und Anwendung unseres dritten Satzes (9). Und das eben wollten die obigen Ausführungen deutlich machen, daß das Prinzip so wenig etwas gegen die Lorentzschen Grundanschauungen beweist, wie es etwas für sie beweist [1]). Es ist vielleicht auch nicht überflüssig, gegenüber der falschen Verwendung der Einsteinschen Theorie noch darauf hinzuweisen, daß Lorentz das Wort „absolut" nicht im strengen Sinne genommen, sondern nur die Relativbewegung gegen den Äther der Bequemlichkeit halber als absolut bezeichnet hat [2]).

80. Bevor wir an die philosophisch-metaphysische Auswertung des in den allgemeinsten Zügen gezeichneten physikalischen Weltbildes gehen, wird es gut sein, seine Stellung zur Erkenntnistheorie nach zwei Seiten hin etwas deutlicher zu machen, als sie sich aus früheren Darlegungen ergibt.

Fürs erste muß man das physikalische Weltbild von dem erkenntnistheoretisch neutralen Standpunkte aus verstehen, auf dem überhaupt alles physikalische Arbeiten ausführbar ist. Das physikalische Weltbild ist an und für sich metaphysisch vieldeutig und erhält eine metaphysische Deutung erst durch den Standpunkt, den man gegenüber dem Subjekt-Objekt-Problem einnimmt. Gewiß liegt in der Wirklichkeit die Sache anders, indem die Physiker zwar mit einem metaphysisch vieldeutigen Weltbild arbeiten können, es aber in Wahrheit nicht tun, sondern meist gemäß der reflexionslosen Anschauung des prak-

---

[1]) Einen ähnlichen phänomenologischen Charakter tragen die lediglich formale Weiterbildung der Einsteinschen Theorie durch Minkowski (Gött. Nachr., Math.-Phys. Kl. 1908, S. 53 ff.; wieder abgedruckt in Math. Ann. 68, 472, 1910) und die Theorie von E. Cohn (Ann. d. Phys. 7, 29, 1902). Daß Lorentz eine solche phänomenologische Fassung selber vorbereitet hat, wurde ja schon bemerkt. Wie sich aus einer nachgelassenen Arbeit ergibt (Math. Ann. 68, 526, 1910), hat Minkowski sich später dem Lorentzschen Standpunkte genähert.

[2]) Lorentz, Enzykl., S. 153.

tischen Lebens, gemäß dem psychologischen Motiv zum Realismus oder einem sich ihm annähernden Standpunkte, das unzweifelhaft in der Beschäftigung der Naturwissenschaft mit den sich „hart im Raume stoßenden" Dingen liegt, oder unter der Suggestion eines bedeutenden Gelehrten ihr metaphysisches Weltbild erben oder deuten. Aber es muß festgehalten werden, daß eine bestimmte Ansicht über den Realitätscharakter dessen, was uns zugleich mit den Anfängen des bewußten Lebens als objektiv gegeben ist, keine notwendige Voraussetzung der exakten Naturwissenschaft darstellt, daß also insbesondere die Annahme einer transsubjektiven Welt durchaus nicht, wie man wohl behauptet hat, zum Betrieb der Physik nötig ist. Der Beweis liegt erstens in der historischen Tatsache, daß es die mannigfachsten erkenntnistheoretischen Standpunkte in der Physik gegeben hat und noch gibt und daß noch kein Philosoph, welchen Standpunkt er auch immer dem Subjekt-Objekt-Problem gegenüber eingenommen hat, von diesem seinem Standpunkte aus die Physik aus der Reihe der Wissenschaften gestrichen hat; vor allem aber in dem Umstand, daß die Erscheinungswelt, wie sie jedem Menschen vor aller Reflexion gegeben ist, für den Solipsisten etwa keine andere ist als für den Realisten, daß die Physik es aber nur mit dieser Erscheinungswelt zu tun hat, er liegt in dem unbestreitbaren Charakter der metaphysischen Vieldeutigkeit des psychologischen Gegensatzes Subjekt-Objekt. Welche metaphysische Form das moderne physikalische Weltbild annimmt, wenn man sich zu dem zwischen dem absoluten Idealismus und dem reinen Realismus liegenden Idealrealismus hält, wird die folgende Nummer zeigen.

Die weit verbreitete Behauptung, man müsse die Physik von der Metaphysik frei halten, ist im Grunde nur eine aus psychologischen Gründen leicht verständliche Übertreibung des Gedankens der metaphysischen Vieldeutigkeit des physikalischen Weltbildes, was sich sehr anschaulich darin dokumentiert, daß diejenigen, die jene Tendenz in der Praxis durchführen, lediglich an Stelle einer Metaphysik eine andere setzen. Im besonderen ist der gegenüber dem Subjekt-Objekt-Problem erkenntnistheoretisch neutrale Standpunkt die von Mach instinktiv gefühlte, aber von ihm verhüllte Wahrheit seines Elementenmonismus: Mach hat mit seiner Zerlegung des Gegebenen in funktional verknüpfte Elemente, die er, ohne damit über die psychische Natur derselben etwas aussagen zu wollen, Empfindungen nennt, nichts anderes bezweckt, als sich auf den psychologischen Standpunkt des uns im bewußten Leben unmittelbar Gegebenen zu stellen. Sieht man seine Philosophie mit solchen Augen an, dann werden mit einem Male der ganze Charakter und die sonst unverständlichen Merkwürdigkeiten derselben verständlich: z. B. die Abwehr der Zumutung, Philosophie geben zu wollen; das ohne weiteres als unbestreitbare Behauptung hingestellte Prinzip, der Forscher dürfe keinen anderen Standpunkt einzunehmen gezwungen sein, wenn er von der Physik zur Philosophie überginge; eine gewisse Abneigung, um es gelinde auszudrücken, gegen die Feststellungen der modernen Psychologie u. a. m. Wenn man indes Mach die volle Erkenntnis der richtigen Verhältnisse vindizieren will[1]), so zeigt das zwar eine löbliche Einsicht in die Nützlichkeit jenes Standpunktes, zeugt aber zugleich von ungenügender Klarheit über seinen Charakter. Denn Mach hat seine Empfindungen zu Elementen der Welt, also zu etwas Metaphysischem gemacht, er hat metaphysische Erklärungen des „Ichs" und anderer Erscheinungen mit ihrer Hilfe gegeben, er hat seinen Standpunkt in Darlegung und Kritik anderen erkenntnistheoretischen Standpunkten koordiniert, kurz er hat sich, wie sehr er sich auch in Worten dagegen wehrte, als metaphysischen Philosophen ausgespielt und tut es heute noch; auch hat ihn bisher keiner anders denn so verstanden.

Um so mehr sei aber nochmals hervorgehoben, daß der zu Anfang der Arbeit definierte erkenntnistheoretisch neutrale Standpunkt den guten und wertvollen Kern des Elementenmonismus ausmacht, der, wie fast alles Gute der Machschen Erkenntnistheorie, mehr dem Instinkte des Naturforschers als dem bewußten Denken seinen Ursprung verdankt. Wer meint, auf einem erkenntnistheoretischen Standpunkte ein metaphysikfreies physikalisches Weltbild konstruieren zu können, der beweist nur, daß man ein guter Physiker, aber ein schlechter Logiker sein kann. Eine naturwissenschaftliche Weltanschauung kann deshalb nicht Weltanschauung sein, weil sie naturwissenschaftlich ist, und sie ist nicht mehr naturwissenschaftlich, sobald sie Weltanschauung ist. So wird der erkenntnistheoretisch neutrale Standpunkt zu einem Hilfsmittel gegen das Motiv der Einseitigkeit, das die

---

[1]) Naturwissenschaftl. Wochenschr. 8, 132, 1909.

Hauptwurzel des modernen Positivismus darstellt; psychologisch-historisch gesehen ist dieser Positivismus ja nur ein verfeinerter Überrest der materialistischen Denkweise aus der Mitte des vergangenen Jahrhunderts, für die nichts existierte, was sie nicht mit ihren Prinzipien und Begriffen fassen konnte [1]), und die sich, nachdem die rein mechanischen Vorstellungen sich als ungenügend erwiesen hatten, um so energischer auf den Boden der naturwissenschaftlichen Erfahrung zurückzog.

Fürs zweite ist das elektromagnetische Weltbild ein Versuch, die phänomenale Welt mit den uns gegebenen wissenschaftlichen Hilfsmitteln innerhalb des Bereiches, für den diese Hilfsmittel ihrem Charakter gemäß Geltung haben, darzustellen. Da den Begriffen und Vorstellungen, mit deren Hilfe wir das, gestützt auf die Aussagen der Experimente, tun, immer Menschlich-Subjektives anhaftet, das seinen Ursprung in der Individualität, dem Volke, der Kultur, dem überschauten Erfahrungskreis, der Stufe der Entwickelung des Denkens und schließlich dem relativen Charakter menschlichen Denkens überhaupt verdankt, so besitzt das Vorstellungsmaterial der vorgetragenen Theorie nicht lauter notwendige Elemente; wenn auch hervorgehoben werden muß, daß die Lorentzsche Theorie verhältnismäßig vorstellungsrein ist, weil sie keine Annahme über den Mechanismus der Erscheinungen macht. Immerhin wird ein Teil der vorhandenen Vorstellungen nur Hilfsmittel der Forschung sein, die mit der Zeit modifiziert werden können; welchen Umfang dieser Teil hat, läßt sich natürlich nicht angeben. Man hat deshalb wohl auch gesagt, unsere

---

[1]) Materialistische Einschläge lassen sich bei den modernen Positivisten noch nachweisen. Wenn Ostwald (Vorles. über Naturphilosophie, 3. Aufl., S. 377 ff., Leipzig 1905) die psychischen Vorgänge eine besondere, den anderen besonderen Energiearten koordinierte und darum mit diesen unter die Energiegesetze fallende Energieart nennt, so ist das Materialismus, soweit er innerhalb des Ostwaldschen Weltbildes möglich ist. Und wenn Mach (Mechanik, S. 504) sagt: „Die besonnene physikalische Forschung wird aber zur Analyse der Sinnesempfindungen führen. Wir werden dann erkennen, daß unser Hunger nicht so wesentlich verschieden von dem Streben der Schwefelsäure nach Zink, und unser Wille nicht so sehr verschieden von dem Drucke des Steines auf die Unterlage ist, als es gegenwärtig den Anschein hat" —, so erinnert das ein wenig an einen bekannten, ebenso besonnenen Ausspruch von Vogt.

Theorien und die Naturgesetze, die wir aufstellen, seien Bilder oder Modelle, die wir konstruieren, um das Naturgeschehen ververständlich zu machen und zu begreifen. Wenn man diese Worte im eigentlichen Sinne nimmt, wie man beispielsweise von dem Modell einer Maschine spricht, nicht aber daran denkt, daß man denselben Effekt mit einer Menge von verschiedenen Modellen herstellen kann, dann sind sie gut gewählt, weil sie ausdrücken, daß das wissenschaftliche Weltbild eine Synthese aus Vorstellungs- und Begriffselementen und aus Elementen der phänomenalen Welt darstellt.

Daß das physikalische Weltbild und speziell die Naturgesetze nicht lediglich Willkürlichkeiten oder Phantasiegebilde oder ökonomische Verknüpfungen sind, die nur auf irgend einem subjektiven Grunde, wie etwa der Prädominanz eines sogenannten Raumsinnes oder der Bequemlichkeit, beruhen, ohne mit der irgendwie aufgefaßten Wirklichkeit etwas Gemeinsames zu haben, sondern daß die wesentliche Züge der phänomenalen Welt, also unserer Wirklichkeit enthalten, dafür spricht erstens die historische Tatsache, daß gewisse ganz allgemeine Züge, wie z. B. der atomistische Gedanke[1], in fast allen Weltbildern wiederkehren, die nur nach dem erkenntnistheoretischen Standpunkte, auf dem das Bild aufgebaut ist, diese oder jene Gestalt annehmen. Dafür spricht zweitens die wunderbare Leitung und Beherrschung der Naturwelt, die uns die von der Wissenschaft inspirierte Technik gestattet und die uns ja in früher nie erträumte Fernen geführt hat und immer wieder in neue schauen läßt. Drittens ist jene Behauptung des synthetischen Charakters des wissenschaftlichen Weltbildes die einzige Erklärung für den unerschütterlichen, die ganze Forschung tragenden und treibenden Glauben, daß wir der Übereinstimmung des Weltbildes mit unserer Wirklichkeit innerhalb der Grenzen immer näher kommen, innerhalb derer menschliche Forschung sich ihr überhaupt nähern kann. Diese drei Gründe geben die Überzeugung, daß das physikalische Weltbild in wesentlichen Zügen, vor allem in den herausgestellten Gesetzmäßigkeiten und überhaupt den funktionalen Zusammen-

---

[1] In bezug auf diesen Gedanken scheint der obige Schluß heute nun auch durch das Experiment so sicher bestätigt zu sein, daß sogar Ostwald wieder Atomist geworden ist.

hängen wirklichkeitstreu ist. Da nun unsere Wirklichkeit, die phänomenale Welt, selbst wieder eine Synthese ist, die wir allerdings nicht bewußt schaffen, sondern im bewußten Leben vorfinden, da diese Wirklichkeit also zum Teil das Resultat transzendenter objektiver Realitäten ist, so folgt daraus, daß die wesentlichen Momente unseres Weltbildes, vor allem die gefundenen funktionalen Zusammenhänge, dem transzendenten Realitätensystem so entsprechen, daß wir die Korrespondenzen innerhalb dieses Systems in den allgemeinsten Zügen auszudrücken versuchen können [1]).

81. Wir werden darum jetzt die physikalischen Darlegungen dieses Kapitels zu einigen Folgerungen benutzen, von denen die erste, auf die früher besprochenen Grundbegriffe der Mechanik rückgreifend, sie kurz von unserem neuen, umfassenderen Standpunkte aus beleuchtet, während die anderen teils den erkenntnistheoretisch neutralen, teils den metaphysischen Charakter des absoluten Raumes und des Raumes überhaupt betreffen.

1. Ein strenger Aufbau der Mechanik ist in der alten Weise nicht mehr möglich, weil die Masse nicht konstant ist. Das hat uns (73) gelehrt; (74) und (75) können zeigen, daß die umfassendste, allerdings zum Teil noch hypothetische Grundlegung einer modernen Mechanik innerhalb des elektromagnetischen Weltbildes möglich ist. Wir deuten an, was sich auf das Trägheitsprinzip bezieht. Die Resultate über die Dynamik des Elektrons sind zwar mit Hilfe der Begriffe der geradlinigen und gleichförmigen Bewegung gewonnen. Aber man kann diese Resultate auch umgekehrt als erste Daten nehmen und zur Definition benutzen. Dann würde erstens eine geradlinig-gleichförmige Bewegung so definiert sein: Man nennt die Bewegung eines Elektrons geradlinig und gleichförmig, wenn sie ohne Strahlung erfolgt. Die nähere Bestimmung des Charakters der Strahlung gestattet die getrennte Definition der beiden Begriffe der Geradlinigkeit und Gleichförmigkeit. Zweitens ließe sich das Trägheitsprinzip in allgemeinster Form so fassen: Um die konstante Geschwindigkeit eines rein translatorisch bewegten Elektrons konstant zu

---

[1]) Duhem (Ziel und Struktur der physikalischen Theorie. Deutsch von Adler. S. 29. Leipzig 1908) sagt dafür, unsere Theorie bilde eine „naturgemäße Klassifikation".

erhalten, sind keine äußeren Kräfte nötig. Daraus würde dann der für die alte Mechanik axiomatische Satz direkt folgen, daß nur Kräfte beschleunigungsbestimmend sind. Ein weiteres Eingehen auf diese Dinge gehört indes nicht mehr zur Aufgabe dieser Arbeit; nur sei noch bemerkt, daß in der Praxis die bisherige Näherungsmechanik vollständig genügt und daß sich das System der Näherungsmechanik auch unter Umgehung der Frage nach der Grundlegung aufbauen läßt [1]).

2. Die Resultate und Vorstellungen der modernen Physik besitzen a) insofern eine Tendenz nach der Lehre vom absoluten Raum hin, als dieselbe auf dem erkenntnistheoretisch neutralen Standpunkte durch die in (73) besprochene Abhängigkeit der Masse von dem Verhältnis $\frac{\text{Raum}}{\text{Zeit}}$ nahegelegt ist, solange man diese Überlegungen als von der Ätherhypothese und überhaupt jeder Deutung der funktionalen Verknüpfungen unabhängig betrachten will; sie begründen die Lehre, weil sie b) auf dem erkenntnistheoretisch neutralen Standpunkte aus der Identifizierung des Äthers mit dem Raum (77), wodurch dem Raum physikalische Eigenschaften im engeren und weiteren Sinne beigelegt werden, nach (37) von selbst folgt, c) auf einem erkenntnistheoretischen Standpunkte mit der realen Objektivität des Raumes gleichfalls ohne weiteres gegeben ist. Dabei bleibt das phoronomische Relativitätsprinzip gewahrt. Außerdem lehrt die moderne Physik die totale Unerfahrbarkeit der absoluten Bewegung, die ihren umfassendsten Ausdruck in dem Einsteinschen physikalischen Relativitätsprinzip gefunden hat.

3. Für jeden, der den erkenntnistheoretisch neutralen und den absolut-idealistischen Standpunkt verlassen hat, beweisen die Resultate und Anschauungen der modernen Physik, falls er sie in der vorgetragenen Form als begründet ansieht, zweierlei: a) daß Raum und Zeit nicht bloß subjektive Gründe haben, b) daß sie von den Dingen unabhängig, also nicht Eigenschaften der Dinge, sondern objektive selbständige Realitäten sind, wodurch natürlich eine Abhängigkeit voneinander nicht ausgeschlossen ist, vielmehr aus ihrem Charakter folgt (daraus ergibt sich, wie schon bemerkt, 2 c notwendig).

---

[1]) Vgl. beispielsweise Voss, Enzykl., S. 39.

4. Für jeden, der den objektiv-realen Raum angenommen hat, folgt a) — wieder unter der bei 2a genannten Bedingung — notwendig aus der physikalisch feststehenden Abhängigkeit der Masse von der Geschwindigkeit und der Richtung der beschleunigenden Kraft (73), b) notwendig auch aus den hypothetischen Vorstellungen (74) bis (79), wenn man sie einmal akzeptiert hat, eine Abhängigkeit der Dinge vom Raum, die sich auf dem Boden einer bestimmten Erkenntnistheorie nur als eine Art genetischer Abhängigkeit begreifen läßt [1]).

Die nähere Ausarbeitung der Begriffe bleibt der speziellen Form des zwischen dem reflexionslosen Realismus und dem absoluten Idealismus gewählten erkenntnistheoretischen Standpunktes überlassen. Hat man einmal die Erkenntnis der Apriorität des Raumes (63), also des synthetischen Charakters der phänomenalen Welt erlangt, dann folgt aus dem Obigen offensichtlich die ganze Erkenntnistheorie und Metaphysik des absoluten Raumes und des Raumes überhaupt, wie sie uns die Untersuchungen des vorhergehenden Kapitels gelehrt haben.

Dritter Teil.

Die nichteuklidischen Geometrien und der absolute Raum.

82. Die Widerspruchslosigkeit der mathematischen Theorien der nichteuklidischen Räume ist jedem Einsichtigen klar. Da nun, wie wir später (83) sehen werden, die Überlegungen über die empirische Existenz dieser Räume das Resultat ergeben, daß

---

[1]) Daß der Mechanismus, der ja in der Synthese des elektromagnetischen Weltbildes enthalten ist (75), das Motiv einer Reduktion der Materie auf den Raum in sich schließt, ist schon öfters bemerkt worden (Duhem, L'évolution de la mécanique, p. 178. Paris 1903. Meyerson, Identité et réalité, p. 228 ff. Paris 1908). Ebenso, daß die Verlegung der Wirkungsquellen in den Äther notwendig zu demselben Resultat führt (Meyerson, a. a. O., S. 230 ff.: La réduction à l'éther n'est au fond autre chose qu'une tentative de réduction à l'espace; Driesch, Philosophie des Organischen. II. Bd., S. 243. Leipzig 1909).

die Erfahrung neutral zur Frage des Raumcharakters steht, da sogar Ergebnisse der Theorie nach der Seite der nichteuklidischen Räume hinzuweisen scheinen (86), so erhebt sich für uns das Problem, in welchem Verhältnis der Begriff des absoluten Raumes zu den Begriffen der einzelnen nichteuklidischen Räume steht. Der Behandlung des Problems müssen die Abweisung einer falschen Auffassung und eine kurze Charakteristik der mathematischen Grundlagen vorangehen.

Die elementare euklidische Geometrie ist dreidimensional, weil ihr erstes Grundgebilde, der Punkt, in bezug auf seine Lage im Raum durch drei Koordinaten bestimmt ist. So wenig aber die dreidimensionale Geometrie euklidisch zu sein braucht, so wenig braucht die euklidische Geometrie dreidimensional zu sein.

Wievieldimensional eine Geometrie ist, hängt lediglich davon ab, welches Grundgebilde sie als Grundgebilde erster Stufe betrachten will. Der Punkt hat logisch-mathematisch durchaus kein Präjudiz darauf, das notwendige Grundgebilde erster Stufe zu sein. Die oft gehörte Behauptung, der Punkt erzeuge die Gerade, die Gerade erzeuge die Ebene usw., ist logisch unkorrekt; denn alle diese Gebilde sind uns als elementare Grundgebilde gegeben, und jene Behauptung darf höchstens didaktisch verwertet werden. Wir beachten nun weiter, daß Koordinaten weder Entfernungen noch Richtungen ausdrücken müssen, sondern daß sie allgemein nur Bestimmungsstücke sind. In diesem Sinne besitzt die Gerade vier Koordinaten; denn sie ist durch einen Punkt und die Richtung bestimmt. Auch die Kugel besitzt vier Koordinaten, — einen Punkt, nämlich den Mittelpunkt, und den Radius. Natürlich ist die logische Erweiterung der Stufen der Grundgebilde unbegrenzt; es gibt Grundgebilde n-ter Dimension. Die Dimensionalität der Geometrie richtet sich nun, wie gesagt, nach dem als Grundgebilde erster Stufe gewählten Gebilde. Nimmt sie als solches die Linie (Plückersche Liniengeometrie), so ist sie vierdimensional; gleichfalls vierdimensional, wenn sie der Kugel die Rolle eines Grundgebildes erster Stufe zuerteilt. Nimmt sie die Ebene mit einem darauf festliegenden Punkte, so ist sie fünfdimensional, und so geht es weiter bis zur n-dimensionalen Geometrie. Sie braucht, wie gleichfalls schon bemerkt, nicht euklidisch zu sein; es gibt auch nichteuklidische dreidimensionale, usw. bis n-dimensionale Geometrien.

Ist es nun möglich, daß diesen Geometrien von vier bis n Dimensionen analoge Räume in der Wirklichkeit entsprechen? Es ist oft — am häufigsten allerdings infolge der Konfundierung mit den nichteuklidischen Räumen — behauptet worden, daß die objektive Existenz mehrdimensionaler Räume möglich wäre und durch manche Überlegungen nahegelegt würde, und der vierdimensionale Raum ist bekanntlich zu mehr als merkwürdigen Dingen benutzt worden. Von den zahlreichen Gründen gegen diese Annahme sind einige richtig, wie z. B. der, daß der Abschluß mit n Dimensionen willkürlich sei, andere falsch, wie z. B. die Berufung auf die Anschaulichkeit oder Vorstellbarkeit, oder der an sich richtige, aber in diesem Zusammenhang den Standpunkt unerlaubterweise verlegende Gedanke, daß unser dreidimensionaler Raum im vierdimensionalen unendlich flach sei. Wenn man nun von diesen Gegengründen absieht, so erscheint jene Annahme nach den obigen Ausführungen weder möglich noch unmöglich, weder wahr noch falsch, sondern ohne Sinn, genau so wie beispielsweise die Aussage, der physikalische absolute Raum sei beweglich oder unbeweglich, ohne Sinn ist. Denn **der Raum hat keine Dimensionen**[1]); nur insoweit man den Raum als ein Aggregat von Punkten, von Geraden usw. fassen will, kann man ihn drei-, vier- usw. dimensional nennen.

Die Verallgemeinerung des euklidischen Raumes ist nach einer anderen Richtung möglich. Man kann den an Gebilden im euklidischen Raum gewonnenen Begriff des Krümmungsmaßes auf den Raum übertragen. Die Berechtigung dieser Übertragung liegt in der Widerspruchslosigkeit der mathematischen Ergebnisse, die Berechtigung der Benennung (Krümmungsmaß) in der Ähnlichkeit der analytischen Ausdrücke. Man darf sich also unter einem gekrümmten Raum — besser gesagt, unter einem Raum mit einem von Null verschiedenen Krümmungsmaß — keinen Raum mit einer wirklichen Krümmung denken; denn wirkliche Krümmung kennen wir nur an Gebilden im euklidischen

---

[1]) Diese Auffassung scheint mir besser als sein eigener Beweis die richtige Ansicht Russells zu begründen, daß man von einer gleichzeitigen Existenz mehrerer Räume nicht reden dürfe (Essai sur les fond. p. 110 ff.; in der französischen Ausgabe hinzugefügt).

Raum. Das Krümmungsmaß des Raumes ist ein das „mathematische Wesen" des Raumes ausdrückendes Maßverhältnis, das sich nur analytisch verdeutlichen läßt.

Mit Hilfe dieses Begriffes erhält man zunächst eine Scheidung der möglichen Räume in zwei Klassen, in Räume mit konstantem und Räume mit variablem Krümmungsmaß. Räume mit konstantem Krümmungsmaß sind solche, in denen die Drehung und Translation von geometrischen Figuren ohne Aufhebung der Kongruenz möglich ist. Dagegen findet bei Bewegungen in Räumen mit variablem Krümmungsmaß eine Dehnung, Zerrung, Pressung der Figuren statt; die Kongruenz ist aufgehoben.

Die Räume mit konstantem Krümmungsmaß zerfallen dann wieder in drei Klassen von Räumen, je nachdem das Krümmungsmaß positiv, negativ oder Null ist, — elliptische, hyperbolische und parabolische Räume. Im elliptischen Raum ist die Winkelsumme des Dreiecks größer als zwei Rechte und gibt es keine Parallelen. Im hyperbolischen Raume ist die Winkelsumme des Dreiecks kleiner als zwei Rechte und gibt es zu einer Geraden durch einen Punkt unendlich viele Parallelen. Im parabolischen Raum ist die Summe der Dreieckswinkel gleich zwei Rechten und gibt es zu einer Geraden durch einen Punkt nur eine Parallele. Der parabolische Raum ist der euklidische Raum, den wir unseren Raum nennen.

83. Welcher von den unterschiedenen Räumen ist unser Raum, der wirkliche Raum oder der Erfahrungsraum?

Diese Frage erscheint dem gewöhnlichen Verstande höchst ungerechtfertigt; denn ihm ist nichts selbstverständlicher, als daß die Summe der Dreieckswinkel gleich zwei Rechten ist, oder daß sich durch einen Punkt zu einer Geraden nur eine Parallele ziehen läßt, oder daß die Körper bei der Bewegung mit sich selbst kongruent bleiben (wenn natürlich keine physikalischen Einflüsse im Spiele sind). Es handelt sich nun hier nicht um die Notwendigkeit oder Apodiktizität der mathematischen Seite dieser Dinge; denn daß eine solche nicht vorliegt, daß vielmehr das grundlegende euklidische Axiom, das Parallelenaxiom, kein integrierender Bestandteil einer Geometrie ist, beweist das Dasein widerspruchsloser nichteuklidischer Geometrien; es läßt sich sogar zeigen, daß, wenn sich irgend ein Widerspruch in nichteuklidischen

Geometrien ergeben würde, dann auch ein Widerspruch in der euklidischen Geometrie auftreten müßte[1]). Worauf es vielmehr ankommt, ist dies, daß die Sätze der euklidischen Geometrie nach der landläufigen Ansicht in der physischen Welt erfüllt sind, daß die euklidische Geometrie, wenn nicht notwendig, dann doch wirklich ist.

Aber die Überzeugung, daß die Wirklichkeit der euklidischen Geometrie entspricht, ist eine Täuschung. Es ist möglich, daß sie es tut; ebensogut ist auch möglich, daß sie es nicht tut. Was zunächst die Räume mit konstantem, von Null verschiedenem Krümmungsmaß angeht, so braucht man, wenn man einen von ihnen als wirklich setzt, bloß dem Krümmungsmaß einen entsprechenden Wert zu erteilen, um den Raum auf alle uns zugänglichen Entfernungen für uns euklidisch zu machen. Da der Wert des Krümmungsmaßes ganz in unser Belieben gestellt ist, so können beispielsweise die feinsten Messungen an den größten in den Weltraum gelegten astronomischen Dreiecken, wenn sie die Winkelsumme gleich zwei Rechten ergeben, den euklidischen Charakter des wirklichen Raumes dadurch nicht beweisen. Ebensowenig schließt die beobachtete Starrheit der Körper — der physikalische Ausdruck für die mathematische Kongruenz — den Raum mit variablem Krümmungsmaß aus; denn die Variabilität kann so gering sein, daß sie sich sowohl der unmittelbaren Wahrnehmung wie der Beobachtung durch Instrumente entzieht. Die Erfahrung kann niemals den euklidischen Charakter des Erfahrungsraumes beweisen, weil ein kleiner Teil eines nichteuklidischen Raumes euklidischen Charakter trägt, weil wir aber das ganze uns zugängliche Weltall als einen solchen kleinen Teil ansehen dürfen.

Man kann indes noch weiter gehen und zeigen, daß wir, selbst wenn der Raum des Weltalls zwar ein Teil eines nichteuklidischen Raumes, aber nicht ein kleiner Teil wäre, dennoch unseren Raum als euklidischen betrachten würden und müßten. Wir können nämlich nicht anders als euklidisch messen. Denn einmal ist doch die Messung von Dreieckswinkeln die einzige praktische Möglichkeit, um über den Wert des konstanten

---

[1]) Weber-Wellstein, Enzyklopädie der Elementar-Mathematik, II. Bd., S. 59.

Krümmungsmaßes zu entscheiden, — die prinzipielle Möglichkeit dieser Entscheidung einmal angenommen. Nun setzt aber jede Messung von Dreieckswinkeln — man mag sie sich denken, wie man will — in der Konstruktion der Instrumente oder in der Methode der Messung die Geltung des Parallelenaxioms voraus. Fürs zweite ist die beobachtete Starrheit im Grunde nie ein Resultat der Beobachtung, sondern immer eine Voraussetzung der Messung, insofern wir, um überhaupt eine Messung vornehmen zu können, die Starrheit des Maßstabes annehmen müssen. Wenn darum in einer endlichen Entfernung eine konstatierbare Größenänderung eines Körpers vor sich geht, so werden wir sie zweifellos immer auf physikalische Bedingungen zurückführen, auch wenn uns die letzteren vorläufig unbekannt sind. Allgemeiner und strenger gesprochen: Es läßt sich der euklidische Raum durch eine Transformation in einen nichteuklidischen überführen; unter der Voraussetzung, daß sämtliche Maßstäbe von dieser Transformation mitbetroffen würden, würden die Messungen im nichteuklidischen Raume euklidisch ausfallen. **Jeder beliebige nichteuklidische Raum ist für uns euklidisch**[1]).

Es ist eine Frage für sich, auf welchen Gründen dieser Vorrang des euklidischen Charakters beruht. Zweifellos auch auf ökonomischen Gründen; denn die euklidische Geometrie ist im allgemeinen die einfachste. Darüber, ob er auch psycho-physiologisch begründet ist, läßt sich streiten. Was bisher dafür von Riehl, Heymans, Poincaré, Cyon u. a. angeführt wurde, setzt den euklidischen Charakter der benutzten physiologischen Grundlagen voraus, kann deshalb höchstens für die Erklärung der psychischen Entwickelung der Raumvorstellung in Betracht kommen. Immerhin ist es wahrscheinlich, daß der Vorrang des euklidischen Raumes in unserer Organisation grundgelegt ist. Doch gehört die Untersuchung dieser Verhältnisse nicht mehr hierher.

84. Wir sind jetzt in der Lage, unser Hauptproblem zu formulieren: Welcher der nichteuklidischen Räume würde im Falle seiner objektiven Existenz lediglich **wegen seines**

---

[1]) Vgl. die Ausführungen bei Mongré, Das Chaos in kosmischer Auslese, S. 115 ff. Leipzig 1898.

mathematischen Charakters absolut sein? Der Begriff „objektive Existenz" ist dabei erkenntnistheoretisch neutral.

Es ist zunächst unschwer zu erkennen, daß der nichteuklidische Raum mit variablem Krümmungsmaß ein absoluter Raum ist. Denn in der Eigenschaft, daß die Größe der Körper von ihm abhängig ist, steckt das Merkmal des Absoluten, weil darin liegt, daß der Körper verschiedene Lagen zum Raum einnehmen kann und der Raum dadurch physikalisch ist.

Hier greifen nun die früher gebrauchten Scheidungen und Begriffe ein. 1. Auf dem erkenntnistheoretisch neutralen Standpunkte ist der nichteuklidische Raum mit variablem Krümmungsmaß ein physikalischer absoluter Raum. 2. Je nach dem erkenntnistheoretischen Standpunkte wird aus diesem Begriff ein philosophischer, der übrigens unter Umständen mit dem ersten identisch sein kann. Nimmt man im Sinne der früher entwickelten synthetischen Erkenntnistheorie bewußtseinstranszendente Realitäten an, so wandelt sich der erkenntnistheoretisch neutrale Begriff in denselben philosophischen Begriff des absoluten Raumes um, den uns die philosophischen und physikalischen Untersuchungen gelehrt haben.

Die prinzipielle Unmöglichkeit, durch Messung den nichteuklidischen Charakter festzustellen, entspricht genau unserem früheren Resultat über die Unmeßbarkeit der absoluten Bewegung.

85. Weil die Konstanz des Krümmungsmaßes die Isogeneität (die Gleichwertigkeit der Lagen) verbürgt, ist die gleiche Folgerung für die nichteuklidischen Räume mit konstantem Krümmungsmaß nicht ohne weiteres einleuchtend. Man muß noch die Erkenntnis hinzunehmen, daß in diesen Räumen die Ähnlichkeitssätze nicht mehr gelten. Nehmen wir beispielsweise an, es seien in einem solchen Raume n^3 kongruente Kristallwürfel gegeben. Die Kongruenz der einzelnen Würfel bliebe bei beliebiger Lage im Raume gewahrt. Dagegen wäre es unmöglich, aus diesen Würfeln einen einzigen großen Würfel aufzubauen; der Körper, der bei der Zusammensetzung entstände, würde dem Elementarwürfel nicht mehr ähnlich sein. Die Gestalt der Körper hängt also in diesen Fällen von ihrer Größe und damit vom Raume ab. Auch die nichteuklidischen Räume mit konstantem Krümmungsmaß würden physikalischen, d. h. absoluten Charakter besitzen.

Man hat die von dem Krümmungsmaß herrührende Absolutheit der Größe nicht immer richtig verstanden. Gewiß ist das Krümmungsmaß k eine Größe, die sich zu den anderen Größen ihres Raumes in ein absolutes Verhältnis setzen läßt. Bezeichnen wir mit r die Funktion $\dfrac{1}{\sqrt{|k|}}$, so würde r beispielsweise zu der Wellenlänge λ einer der D-Linien das absolute Verhältnis r/λ besitzen. Zweifellos würde dann λ ein gewisses Maximum λ_m in dieser Relation nicht überschreiten können. Wie groß aber in r/λ_m die beiden Relata wären, würde vollständig unbekannt sein. Man vergißt die Betrachtungen von (70). Eine Analogie mag das verdeutlichen. Wir denken uns Flächenwesen auf einer Kugeloberfläche. Der ihnen dem Werte nach bekannte Umfang $2\varrho\pi$ repräsentiert für sie das Krümmungsmaß. Irgend eine Fundamentalgröße l ihrer Fläche können sie zu diesem Maße in das Verhältnis $\dfrac{l}{2\varrho\pi}$ setzen. Dadurch wird aber l durchaus nicht absolut. Wir brauchen uns die Wesen bloß auf einer anderen Kugel zu denken, deren Größen gegenüber den der ersten Kugel mit n multipliziert sind. Während die einzelnen Relata in nl und $2n\varrho\pi$ vergrößert würden, bliebe das Verhältnis $\dfrac{l}{2\varrho\pi}$ dasselbe. Die Existenz eines Krümmungsmaßes würde also die Relativität der Größe nicht aufheben.

Das Resultat von (84) und (85) läßt sich in folgender Weise zusammenfassen: **In einem nichteuklidischen Raume ist der phoronomisch-dynamische Standpunkt unmöglich.**

86. Dieses Resultat ist nur ein bedingtes. Zu seiner Vervollständigung muß die allgemeine Frage gestellt werden: Gibt es Gründe gegen oder für die tatsächliche Existenz nichteuklidischer Räume?

Wir haben in (83) gesehen, daß Beobachtung und Messung darüber weder entscheiden noch entscheiden können. Es wird sich also nur um Gründe mehr philosophischer Natur handeln.

Die philosophischen Gründe gegen die tatsächliche Existenz stimmen darin überein, daß sie auf irgend einem Wege die Notwendigkeit der euklidischen Natur des Raumes nachzuweisen versuchen. In den bisherigen Ausführungen dieses Kapitels ist explizite oder implizite alles enthalten, was die brauchbaren und unbrauchbaren Elemente dieser Versuche unterscheiden lehrt. Speziell sei auf die Frage nach dem logischen Ursprung und Charakter der euklidischen Axiome hingewiesen, weil bestimmte Lösungen derselben die einzigen ernst zu nehmenden Gründe gegen die Möglichkeit der tatsächlichen Existenz nichteuklidischer Räume enthalten. Nachdem wir aber gezeigt haben, 1. daß die euklidischen Axiome nicht in dem Sinne denknotwendig sind, als ob es ohne sie eine widerspruchslose Geometrie nicht geben könne (82), 2. daß der Erfahrungsraum neutral zu den euklidischen und nichteuklidischen Räumen steht (83), und 3. noch bemerkt haben werden (87), daß der apriorische Faktor der Raumsynthese keinen euklidischen Raum voraussetzt, haben wir die Lösungen der Frage als unmögliche ausgeschlossen, die gegen jene Annahme sprechen können. Die weitere Betrachtung der philosophischen Beweisversuche ist überflüssig. Nur zwei von ihnen seien gesondert ins Auge gefaßt, weil sie sich mit dem Problem dieser ganzen Schrift berühren.

Russell will mit Hilfe eines allgemeinen Prinzips zwar nicht die Annahme einer tatsächlichen Existenz von nichteuklidischen Räumen überhaupt, sondern nur die der Existenz von nichteuklidischen Räumen mit variablem Krümmungsmaß als logisch widerspruchsvoll dartun[1]). Er bedient sich des phoronomischen Relativitätsprinzips und meint, die Lage bedeute eine Relation und kein Ding an sich, sie könne deshalb auch nicht auf Dinge wirken. Mott-Smith[2]) hat darauf mit Recht erwidert, das Prinzip beruhe auf der Voraussetzung des euklidischen Raumes (und, wie er hätte hinzufügen können, der nichteuklidischen Räume mit konstantem Krümmungsmaß), es sei aber kein Moment der euklidischen Anschauungsweise wesentlicher als andere. Russell hat also den Fehler gemacht, zur Entscheidung über die Tatsächlichkeit gewisser Annahmen ein Prinzip zu benutzen, über dessen Geltung diese Tatsächlichkeit erst entscheiden würde. Welche Korrekturen im allgemeinen an der Russellschen Auffassung des Relativitätsprinzips anzubringen sind, wissen wir aus den früheren Ausführungen. Jonas

---

[1]) Russell, Essai sur les fondem. de la géom. p. 97, und an anderen Stellen.

[2]) Mott-Smith, Metageometrische Raumtheorien, S. 163f. Diss. Halle 1907.

Cohn benutzt das Prinzip der Relativität der Größe, um überhaupt die Möglichkeit der Existenz von Räumen mit von Null verschiedenem Krümmungsmaß zu widerlegen[1]). Sehen wir von den früheren Ausführungen (85) ab, nach denen das Prinzip durch das Krümmungsmaß nicht verletzt ist, so träfe, selbst wenn dies doch der Fall wäre, diesen Beweis derselbe Einwand wie den Russellschen; er gebraucht ein Prinzip, das nach ihm nur unter der Voraussetzung des euklidischen Raumes gilt, zum Beweise dafür, daß diese Voraussetzung notwendig ist.

Cohn versucht (l. c.) einen allgemeinen Beweis seiner Auffassung des Prinzips der Relativität der Größe: es soll in „dem Begriffe eines Ordnungssystems" liegen, daß es „jede beliebige Satzung seiner konstituierenden niederdimensionalen Ordnungen erlaubt". Aber erstens ist dieser Gedanke nur eine Verallgemeinerung der Verhältnisse des euklidischen Raumes; es paßt nicht für jedes Ordnungssystem. Was an diesen und allen ähnlichen Beweisen, auch dem Russellschen, richtig ist, ist unser in (83) durchgeführter Gedanke, daß der Raum für uns, gleichgültig, wie der wirkliche Raum beschaffen ist, immer euklidisch ist; das widerstreitet aber, wie wir sahen, keineswegs der Möglichkeit der tatsächlichen Existenz. Zweitens ist der Cohnsche Versuch auch deshalb abzulehnen, weil er bestenfalls nur dann gelten würde, wenn die niederdimensionalen Ordnungen das Ordnungssystem konstituieren, was nach (82) nicht aufrecht gehalten werden kann. — Es scheint demnach, daß sich keine beweiskräftigen Gründe gegen die tatsächliche Existenz nichteuklidischer Räume angeben lassen.

Es muß nun von vornherein betont werden, daß es ebensowenig direkte philosophische Gründe für die tatsächliche Existenz gibt. Aber zwei indirekte Momente können uns ihre Annahme nahe legen, die dadurch den Charakter einer ökonomisch und methodisch begründeten hypothetischen Erweiterung oder Ergänzung unseres Weltbildes annimmt. Erstens hilft die Annahme der tatsächlichen Existenz eines nichteuklidischen Raumes aus Antinomien und logischen Schwierigkeiten heraus, die sich bei vielen der am Schlusse von (70) aufgezählten Probleme ergeben

---

[1]) J. Cohn, Voraussetzungen und Ziele des Erkennens, S. 248 f. Leipzig 1908.

(die Betrachtungen der erwähnten Nummer über den Raum berühren sich, wie man wohl bemerkt haben wird, überhaupt mit Gedanken dieses Kapitels). Unter der Voraussetzung eines gekrümmten Raumes verschwinden beispielsweise die Schwierigkeiten, die das Problem der Unendlichkeit des Raumes dadurch macht, daß die Unendlichkeit von dem einen Gesichtspunkt gefordert, von dem anderen abgelehnt zu werden scheint. Dann wäre nämlich der Raum in einem Sinne endlich, im anderen Sinne unendlich. Lassen wir nun dieses Vermögen der Auflösung von Antinomien und Schwierigkeiten als Motiv zur Annahme der tatsächlichen Existenz eines nichteuklidischen Raumes gelten, so liegt darin noch kein Anhaltspunkt für die Wahl eines bestimmten nichteuklidischen Raumes. Diesen Anhaltspunkt gibt uns aber zugleich das zweite jener Annahme naheliegende Moment.

Zweitens nämlich haben in den beiden letzten Kapiteln des zweiten Teiles philosophische und physikalische Überlegungen, die von dem mathematischen Charakter des euklidischen Raumes unabhängig sind, wahrscheinlich gemacht, daß der Raum eine selbständige Realität ist und auf die Dinge wirkt; die physikalische Theorie bezeichnet dieses Wirken spezieller als eine Kontraktion in einer Richtung oder — was dasselbe ist — ein Dehnen in der dazu senkrechten Richtung. Diese Verhältnisse finden ohne weiteres ihre Erklärung bei der Annahme eines nichteuklidischen Raumes mit variablem Krümmungsmaß. Die im Michelson-Morleyschen Versuch konstatierte Tatsache, daß wir die ev. Deformation nicht beobachten, und das Resultat der Theorie, daß wir sie nicht beobachten können, drücken sich dann in der vorhin (83) bewiesenen Formel aus, daß der Erfahrungsraum für uns euklidisch ist und sein muß[1]). Die Variabilität könnte periodisch sein; die Betrachtungen von (70) zeigen aber, daß sie nicht periodisch sein müßte. Die Vorstellung, daß die Gestalt und die Größe der Körper von ihrer Lage im Raume abhängig sind, hat durchaus nichts Merkwürdiges mehr

---

[1]) Wenn die Unmeßbarkeit des Krümmungsmaßes nicht prinzipiell wäre, sondern nur von der außerordentlich großen Annäherung an den Wert Null herrührte, so würde es sogar auf Grund jenes Versuches — vorausgesetzt, daß seine gewöhnliche Deutung richtig ist — nicht unmöglich erscheinen, eine obere Grenze der Variabilität des Krümmungsmaßes zu finden.

an sich, wenn man sich erst klar gemacht hat, daß doch Gestalt und Größe räumliche Eigenschaften sind, die auch im euklidischen Raume von dem Raumcharakter herrühren; ob die Variabilität oder die Konstanz der Eigenschaften vom Raume bedingt ist, macht in ihrem Verhältnis zum Raume keinen Unterschied[1]). Die Annahme eines nichteuklidischen Raumes mit variablem Krümmungsmaß fügt sich also einmal glatt in unsere philosophische Theorie des absoluten Raumes ein und gibt fürs zweite der von der Elektronentheorie zwar geforderten, aber letzthin unerklärten Abhängigkeit der Gleichgewichtsform des Elektrons von der Bewegung eine einfache und natürliche Deutung.

87. Man hat Kant — sogar dann mit Unrecht, wenn man ihn subjektivistisch auffaßt[2]) — vorgeworfen, daß seine Lehre von der Apriorität des Raumes durch die nichteuklidische Geometrie widerlegt sei. Um zu verhüten, daß man zu der im zweiten Kapitel des zweiten Teiles gegebenen Ableitung eines subjektiven apriorischen Faktors in der Synthese des Raumes einen ähnlich begründeten Widerspruch in der hier vorgetragenen Annahme findet, braucht wohl nur darauf hingewiesen zu werden, daß jene Ableitung den euklidischen Charakter des Raumes an keinem einzigen Punkte nötig hat.

88. Weil das Resultat von (83) es nahezulegen scheint, den nichteuklidischen Raum im Falle seiner Existenz als den transzendenten Raum anzusprechen, wie es Mongré in dem zitierten Buche auch tut, könnte die Einordnung desselben in unsere allgemeine Theorie des Raumes Schwierigkeiten bereiten. Darum sei unter der Voraussetzung seiner tatsächlichen Existenz in Form eines Schemas eine Übersicht über unsere Raumtheorie gegeben, wobei wir der Vollständigkeit wegen zu den Raumbegriffen auch den des psychologischen Raumes nehmen.

1. Der psychologische Raum. Er besitzt typische Eigenschaften, die für einzelne Sinne verschieden sind und in

---

[1]) Diese Bemerkung enthält die von den Mathematikern gern betonte Wahrheit, daß der Begriff des Körpers sich unabhängig von der Raumform nicht definieren läßt. Man muß entweder bei keiner Form oder bei sämtlichen Formen des Raumes von einer Bedingtheit des Körpers durch den Raum sprechen.

[2]) Vgl. Russell, Essai sur les fond., p. 71 f.

verschiedener Weise von individuellen überlagert werden. Seine Betrachtung wurde (mit Ausnahme einiger notwendiger Grenzfestsetzungen) in unserer Studie so gänzlich ausgeschlossen, daß die im folgenden gebrauchten Benennungen erlaubt sind.

2. Der Erfahrungsraum (der Erscheinungsraum, der phänomenale Raum, die Raumsynthese, der metrische Raum, der Raum, unser Raum).

A. Er zerfällt für den erkenntnistheoretisch neutralen Standpunkt in zwei Formen, die zwei Stufen unserer Erkenntnis bedeuten:

a) Der Raum für uns (der Raum der Physik). Aus noch nicht bekannten Gründen ist er euklidisch. Er kann der Raum des wissenschaftlichen Weltbildes bleiben; wir sind durch nichts gezwungen, ihn durch einen anderen zu ersetzen.

b) Der wirkliche Raum (der objektive Raum, der tatsächliche Raum). Er ist ein nichteuklidischer Raum mit variablem Krümmungsmaß. Für das wissenschaftliche Weltbild stellt er eine hypothetische Erweiterung dar. Er ist logisch-transzendent, aber nicht transzendierend.

B. Der Erfahrungsraum ist metaphysisch eine Synthese zweier Arten von Faktoren. Die Analyse ergibt:

a) Die subjektiven Faktoren (die apriorischen Faktoren), deren Anteil das Typisch-Räumliche ist. Sie sind teils allgemeiner, teils spezieller Natur. Die letzteren sind die subjektiven Faktoren des euklidischen Raumes.

b) Die objektiven Faktoren (die transzendenten, unräumlichen Faktoren), die substantiellen Charakter haben und mit den transzendenten Dingfaktoren in genetischem Zusammenhange stehen. Sie sind metaphysisch-transzendent und transzendierend.

3. Der Raum der Mathematik tritt in unendlich vielen Formen auf. Jede Form ist eine mathematisch widerspruchslose Kombination von reinen Relationsbegriffen, die letzthin durch den euklidischen Typus ausgelöst wird. In den oben genannten speziellen subjektiven Faktoren hängen die euklidischen Axiome mit

der empirischen Wirklichkeit zusammen; auf Grund des Charakters dieses Zusammenhanges können auch Verallgemeinerungen dieses Typus Beziehungen zu dem physikalischen und philosophischen Weltbild erhalten.

Schluß.

89. Es wird zweckmäßig sein, zum Abschluß die Hauptresultate unserer Untersuchungen über den absoluten Raum, vor allem über seine Stellung zur Physik, in möglichster Präzision zusammenzufassen.

Der Begriff des absoluten Raumes ist kein eindeutiger Begriff, sondern von dem Standpunkte abhängig, den man einnimmt. Die Theorie des absoluten Raumes hat die Aufgabe, zu zeigen, in welchen Formen und Zusammenhängen der Begriff auftritt.

Sieht man vorläufig von den Hypothesen der Physik, im besonderen von dem auf der Elektronentheorie sich aufbauenden Weltbilde ab, so wollen unsere Überlegungen im bewußten Gegensatz zu anderen Auffassungen den Begriff des absoluten Raumes nicht als physikalisch brauchbaren Begriff erweisen; die Physiker haben recht, wenn sie ihn als physikalisch wertlos ablehnen.

Eine andere Frage aber ist, ob der Begriff von der Theorie der logischen Grundlagen der Physik gefordert wird. Um sie zu beantworten, gingen wir von dem auf das phoronomische Relativitätsprinzip gegründeten und in sich widerspruchslosen Weltbild aus und fanden, daß es einer Ergänzung bedürfe. Die Diskussion der möglichen Wege zur Ergänzung führte uns auf den Begriff des Inertialsystems, der unter den drei Bedingungen mit dem Begriff des absoluten Raumes identisch ist, daß man 1. auf dem erkenntnistheoretisch neutralen, 2. auf dem phoronomisch-dynamischen Standpunkte bleibt und 3. den Begriff des absoluten Raumes mit Hilfe des Neumannschen Körpers definiert; die dritte Bedingung ist übrigens nur eine Konsequenz der ersten. So ergibt sich der phoronomisch-dynamische Begriff des absoluten Raumes als ein von der Vollständigkeit und Widerspruchslosigkeit der Theorie der logischen Grundlagen der Physik gefordertes Postulat.

Verläßt man — unter Beibehaltung der beiden anderen Bedingungen — den phoronomisch-dynamischen Standpunkt, indem man dem Raum die Eigenschaft der Unabhängigkeit von den Dingen beilegt, so entsteht aus dem phoronomisch-dynamischen Begriff des absoluten Raumes ein Begriff, den wir den physikalischen nennen, weil der Raum in der zugrunde liegenden Auffassung nicht mehr lediglich als ein Faktor bei den Vorgängen auftritt, sondern den Dingen selbständig gegenübersteht. Der physikalische absolute Raum charakterisiert die (mit Hilfe des Neumannschen Körpers definierte) absolute Bewegung als einen Grenzfall der relativen Bewegung.

Gibt man endlich auch noch den erkenntnistheoretisch neutralen Standpunkt auf, so entwickelt sich aus dem physikalischen der philosophische Begriff des absoluten Raumes, dessen Inhalt von der philosophischen Ansicht über den Raum bestimmt ist. Nach unseren Überlegungen, die den Raum als eine Synthese aus subjektiven und objektiven Faktoren wahrscheinlich machen, stützt sich der philosophische Begriff des absoluten Raumes auf den substantiellen Charakter der transzendenten Raumfaktoren.

Der Begriff des physikalischen absoluten Raumes gewinnt nicht nur für die Theorie der logischen Grundlagen der Physik, sondern für die Physik selber Bedeutung, wenn man die zu Anfang dieser Nummer gemachte Einschränkung fallen läßt und an ihrer Stelle die folgenden beiden Voraussetzungen macht: 1. die Annahme der Elektronentheorie (in der Lorentzschen Ausbildung) und ihrer Erweiterung, des elektromagnetischen Weltbildes; 2. die Identifizierung des Äthers mit dem Raum. In diesem Zusammenhang ist der absolute Raum die teils von philosophischen, teils von physikalischen, teils von ökonomischen Motiven geforderte hypothetische Grundlage des umfassendsten und einheitlichsten physikalischen Weltbildes.

Von der metaphysischen Interpretation dieses Weltbildes wird es dann abhängen, zu welchem philosophischen Begriff des absoluten Raumes sich dieser physikalische umformt. Fügt man zu den eben bezeichneten Voraussetzungen als dritte noch die Anerkennung transzendenter Realitäten im Sinne der idealrealistischen Auffassung der Erkenntnis hinzu, so wird aus dem betrachteten physikalischen Begriff des absoluten Raumes der philosophische Begriff in derselben Form hervorgehen, wie ihn uns rein philosophische Erörterungen gegeben haben.

Das physikalische Relativitätsprinzip bringt zum Ausdruck, daß der Begriff des absoluten Raumes auch in der letztgenannten Fassung für die experimentelle Physik keine Bedeutung besitzt und für die mathematische Seite der theoretischen Physik keine zu besitzen braucht.

Läßt man sich von den Resultaten der Elektronentheorie und von anderen Motiven zur Annahme der empirischen Existenz eines nichteuklidischen Raumes bestimmen, so ist der phoronomisch-dynamische Standpunkt nicht mehr möglich. Der Raum ist dann auf dem erkenntnistheoretisch neutralen Standpunkte ein physikalischer absoluter Raum, der auf den erkenntnistheoretischen Standpunkten die verschiedensten metaphysischen Deutungen erfahren kann.

Anhang.

I. Über die Kantsche Raumtheorie.

90. Obgleich das Verhältnis zu Kant weder für noch gegen die Richtigkeit von Gedanken spricht, wird es doch um der historischen Gerechtigkeit und um der Stellung willen, die Kant in der Geschichte des Raumproblemes einnimmt, gut sein, zu zeigen, daß die im zweiten Teile (Kap. 2) vorgetragene allgemeine Raumtheorie mit der Kantschen in weit höherem Maße übereinstimmt, als die gewöhnliche subjektivistische Deutung Kants es zuläßt[1]). Es läßt sich beweisen, daß Raum und Zeit bei Kant auch von den transzendenten objektiven Faktoren mitbestimmt sind.

Kant hat erstens diese Mitbestimmung durch objektive Faktoren an zahlreichen Stellen ausdrücklich gelehrt. Schon

---

[1]) Zur Kritik der subjektivistischen Auffassung Kants vgl. Riehl, Der philosophische Kritizismus (I. Bd., 2. Aufl., S. 380 ff.; Leipzig 1908); zur Ergänzung des Obigen meinen Aufsatz in der Revue de philos. 1910, p. 449 ff.

wenn er im allgemeinen vom „Idealismus der Erscheinungen" bemerkt, daß wir „zum Teil Schöpfer desselben" seien [1]), sagt er doch damit zugleich, daß die Dinge an sich die Schöpfer des anderen Teiles sind. Aber auch mit besonderer Bezugnahme auf Raum und Zeit hat er seiner synthetischen Auffassung klaren Ausdruck verliehen. „Die Anschauung eines Dinges als außer mir setzt das Bewußtsein einer Bestimmbarkeit meines Subjektes voraus, bei welchem ich nicht selbst bestimmend bin, die also nicht zur Spontaneität gehört, weil das Bestimmende nicht in mir ist" [2]). Die Anschauung ist also von zwei Faktoren, einem subjektiven und einem objektiven, bestimmt. Deutlicher hätte Kant weiterhin niemals sprechen können, als dort, wo er zu den Worten seines Gegners Eberhard: „So wäre also die Wahrheit, daß Raum und Zeit zugleich subjektive und objektive Gründe haben, völlig apodiktisch erwiesen. Es wäre bewiesen, daß ihre letzten objektiven Gründe Dinge an sich sind" — bemerkt: „Nun wird ein jeder Leser der Kritik gestehen, daß dieses gerade meine eigenen Behauptungen sind" [3]). Dasselbe, nur mehr implizite, besagt der Gedanke, daß dem oder den transzendenten Gegenständen „nicht dieselbe Form des Raumes an sich zukomme, unter dem wir ihn oder sie anschauen, weil sie bloß zur subjektiven Art unseres Vorstellungsvermögens in der Wahrnehmung gehört" [4]). Soweit also die Form nicht dieselbe ist, unter der wir die Gegenstände anschauen, ist sie objektiv. Wie die Faktoren an der Synthese Anteil haben, läßt sich nur hinsichtlich weniger allgemeiner Züge sagen. Aus der dargelegten Auffassung der Apriorität von Raum und Zeit folgt notwendig, daß die bestimmten räumlichen und zeitlichen Eigenschaften der Erscheinungsdinge von den Dingen an sich herrühren müssen. Merkwürdigerweise hat man diese ganz richtige Überlegung als Einwand gegen Kant benutzt, während doch Kant selber entschieden bestreitet, daß „die unermeßliche Mannigfaltigkeit der Erscheinungen aus der reinen Form der sinnlichen Anschauung hinlänglich begriffen

---

[1]) Erdmann, Reflexionen Kants zur kritischen Philosophie, II. Bd., S. 319. Leipzig 1884.
[2]) Reicke, Lose Blätter aus Kants Nachlaß, 1. Heft, S. 212. Königsberg 1889.
[3]) Sämtl. Werke, Ausg. Hartenstein, VI. Bd., S. 23.
[4]) Reicke, a. a. O., S. 209.

werden kann"¹). Und speziell über die Teilbarkeit führt er aus, daß „im Objekte (das an sich unbekannt ist) dazu auch ein Grund ist"²). Was aber von der Teilbarkeit gilt, muß von allen räumlichen Eigenschaften gelten.

91. Wenn wir nun aber auch zweitens von einzelnen Stellen absehen, so folgt die Auffassung der apriorischen Elemente, speziell des Raumes und der Zeit, als Synthesen auch aus den Grundlagen und dem Charakter der Kantschen Philosophie. Kant nahm die Existenz transzendenter objektiver Realitäten an; er hat nicht nur stets an dieser Anschauung festgehalten, sondern sie auch als so notwendig mit seiner Philosophie verknüpft angesehen, daß er spöttisch und ärgerlich zugleich ausrufen konnte³): „Was würde man nun verlangen, daß ich behaupten sollte, damit ich nicht ein Idealist wäre? Der Idealismus ist eine metaphysische Grille." Nun wäre aber diese Annahme überflüssig, sinnlos und widerspruchsvoll, wenn man daraus nicht auf eine Bestimmung der Erfahrungswelt auch von diesen Faktoren her schließen wollte; denn dann wären dieselben zugleich notwendig und nicht notwendig. Die Auffassung der Erfahrung als einer Synthese folgt streng aus der Annahme der Dinge an sich. Zum Überfluß hat Kant das auch formell gelehrt; denn die Dinge an sich affizieren nach ihm die Sinnlichkeit, sie sind der „Grund" der Erscheinungen, ihnen „können wir allen Umfang und Zusammenhang unserer möglichen Wahrnehmungen zuschreiben"⁴). Weiterhin entspricht auch die synthetische Auffassung den Tendenzen und dem Charakter seiner Philosophie so vollkommen, daß es psychologisch unverständlich wäre, wenn Kant anders gedacht hätte. Eine seiner Lebensaufgaben war ja doch, den Anteil des Subjektes an der Erkenntnis herauszustellen. Andererseits wollte er mit derselben Energie gegenüber dem absoluten Idealismus nicht bloß die Denkbarkeit, sondern die Notwendigkeit objektiver Realitäten für die Möglichkeit der Erfahrung nachweisen. Auf dieser doppelten Charakterisierung der Erkenntnis,

---

¹) Kritik der reinen Vernunft, Ausgabe Erdmann, 5. Aufl., S. 160.
²) Metaphysische Anfangsgründe der Naturwissenschaft, Ausgabe Höfler, S. 44. Leipzig 1900.
³) Reicke, a. a. O., S. 263.
⁴) Kritik, S. 404.

daß sie 1. synthetisch ist und 2. absolute, aber für uns unerkennbare Faktoren enthält, beruht der Wert seiner Arbeit. Auf dieser Linie des Denkens liegt aber offensichtlich unsere Synthese; sie ist die vollkommenste Verwirklichung der Tendenz des Kantschen Denkens.

92. Aus der Erkenntnis, daß die Erfahrung ein Produkt aus subjektiven und objektiven Faktoren ist, ergibt sich die Folgerung, daß die Welt der objektiven Realitäten der Erscheinungswelt in gewissen ganz allgemeinen Zügen korrespondieren muß. So oft darum auch Kant die Dinge an sich unerkennbar nennt, sie sind doch nicht schlechthin transzendent. Kant hat das trotz seiner hier sehr extremen Betonung im Grunde selber durch seine Ausführungen zugegeben, sogar ausdrücklich zugegeben, wo er z. B. von den Kategorien sagt[1]), daß sie entsprechend auf die Dinge an sich anwendbar seien; und er war ein viel zu klarer Kopf, um diese Folgerung, wenn er sie auch nicht so formulierte, nicht einzusehen oder doch wenigstens hier und da zu ahnen. Darum ist es in der Tat ein konsequentes Schlußresultat auch seiner Lehre, was er als Prinzip aufstellt[2]), daß sich nämlich „die Objekte nicht nach unseren Erkenntnissen, sondern diese nach den Objekten richten müssen".

93. Es gibt außer den zitierten (und den gleichwertigen) Stellen, die völlig eindeutig die synthetische Auffassung des Raumes lehren, und außer anderen, die als neutrale aus der Diskussion ausscheiden, noch manche Stellen, die einen reinen Subjektivismus auszudrücken scheinen. Diese Stellen stehen, sobald man sie in dieser Weise auffaßt, in Widerspruch nicht nur mit den unter keinen Umständen umdeutbaren angeführten und analogen synthetischen Stellen — das würde vielleicht allein schon genügen, um den letzteren das ausschließliche Recht zu wahren —, sondern auch in Widerspruch mit den Grundlagen der Kantschen Philosophie, deren notwendige Konsequenz die synthetische Lehre ist.

Daraus ergibt sich schon, daß diese scheinbar subjektivistischen Stellen nicht eindeutig sein können. Die Mehrdeutigkeit erklärt sich ohne Schwierigkeit aus einer bei Kant auch sonst

---

[1]) Erdmann, a. a. O., S. 395.
[2]) Erdmann, a. a. O., S. 87.

schon aufgewiesenen Nachlässigkeit im Sprachgebrauch, die zwar nicht zu entschuldigen, aber aus gleich zu nennenden Gründen zu verstehen ist. Kant hat das Wort „Erscheinung" — und auch die Worte für die Einzelglieder der Erscheinungen, wie Raum, Zeit usw. — in einem doppelten Sinne benutzt: manchmal bezeichnen sie die Synthese aus subjektiven und objektiven Faktoren, manchmal, vielleicht zumeist, nur den subjektiven Faktor dieser Synthese, ohne daß damit der objektive Faktor geleugnet wird.

94. Schließlich muß man zum vollen Verständnis dieser und überhaupt der subjektivistischen Wendungen Kants noch allgemeinere Gesichtspunkte anziehen, indem man auf die Art der Entwickelung des Denkens überhaupt und auf psychologische Gründe rekurriert. Kein Denken schreitet wie ein klares Lehrbuch fort, zumal kein so umfassendes und dabei so originales Denken wie das Kantsche. Es wäre ein Wunder gewesen, wenn Kant in einem Wurfe die vollkommene Gestaltung des ihm vorschwebenden Ideensystems gelungen wäre. Dazu waren doch zu viele Denkgewohnheiten, zu viele fremde und widerstrebende Tendenzen zu überwinden, als daß sie sich nicht hier und da einmal durchgedrängt und dem Inhalt oder der Form nach Unklarheiten oder sogar Widersprüche in die Harmonie des Ganzen gebracht hätten. Das ist für den aufmerksamen Beobachter ja überhaupt eine Eigentümlichkeit des Denkens, daß wir nicht für den ganzen Umfang unseres Denkens sagen können: Wir haben das gedacht, — sondern für einen großen Teil nur: Das ist in uns gedacht worden. Diese Verhältnisse mußten nun auch auf die Sprache einwirken. Selbst einmal angenommen, daß Kant sein Ziel in allen Einzelheiten klar gesehen hätte, hätte die Sprache überhaupt, und zumal seine eigene schwerfällige, die Kompliziertheiten und Subtilitäten der Gedanken nicht vollkommen zur Darstellung bringen können, da es eine Erfahrungstatsache ist, daß sich die Sprache immer erst nach einiger Zeit den Gedanken anpaßt. Daß sie ihre Aufgabe nun unter den angedeuteten Umständen um so weniger erfüllen konnte, ist wohl leicht verständlich.

Weiterhin haben psychologische Momente dazu mitgewirkt, daß Kant die idealistische Seite zu ausschließlich betonte. In seiner Tendenz, die subjektiven Faktoren der Erkenntnis, die teils fast gar nicht — wie von Aristoteles — teils falsch — wie von Hume — herausgestellt worden waren, richtig zu bestimmen, lag ein psychologisches Motiv zur idealistischen Übertreibung. Andererseits war er so felsenfest von der Notwendigkeit des Realismus überzeugt, daß er es kaum für nötig hielt, immer wieder auf die objektive Seite hinzuweisen [1]). Es ist auch unbedingt zuzugeben, daß er manche Konsequenzen extrem ausbildete, manche Lehre überspannte, manche Tendenzen nicht begrenzen konnte, daß sein Denken überhaupt heute viele nicht mehr haltbare Elemente mit umfaßt, auch solche, die nicht in Widerspruch mit der dargelegten Auffassung stehen. Kant ist so wenig wie irgend ein anderer ein Philosoph, über den hinaus nicht fortgeschritten werden kann. Er bedeutet keine Lösung, sondern ein Problem; seine Philosophie ist für uns nicht nur eine Gabe, sondern auch eine Aufgabe. Aber auf alles das kommt es hier nicht an. Um das Kantsche Denken im Kern zu fassen, muß man von all diesen Dingen abstrahieren, genau so wie der Physiker von Verschiedenheiten und Unausgeglichenheiten abstrahiert, wenn er das Schaffen unter der Oberfläche der Natur in der Theorie fassen will; die individuellen, zufälligen, unwesentlichen Züge ergeben sich dann nachträglich, wenn man die Bedingungen betrachtet, die jeden Typus des natürlichen Geschehens atypisch machen. Die echten, typischen Züge des Kantschen Denkens findet man, wenn man zusieht, wie Kant hätte denken müssen, wenn er auf den Grundlagen und mit den Tendenzen seiner Philosophie harmonisch hätte denken können.

II. Über Wirklichkeitstreue und Wahrheit der physikalischen Erkenntnis.

95. Es mag auffallen, daß in (80) wohl von Wirklichkeitstreue, aber nicht von Wahrheit der physikalischen Erkenntnis die Rede ist. Ich habe absichtlich den letzteren Ausdruck ver-

---

[1]) Auf die darin liegende Gefahr des Mißverständnisses aufmerksam geworden, hat er die realistischen Momente in der 2. Auflage der Kritik und auch in den nachträglichen Aufzeichnungen stärker betont. Aber gerade bei dem Anstreben möglichster Klarheit in der systematischen Arbeit lagen auch Gefahren. In sehr bezeichnender Weise sagt er selber: „In vielen Stellen würde mein Vortrag weit deutlicher geworden sein, wenn er nicht so deutlich hätte sein müssen" (Erdmann, Reflexionen Kants usw., S. 7).

mieden, weil mir scheint, daß die beiden Begriffe sorgfältig zu scheiden sind [1]).

Um diese Unterscheidung verständlich zu machen, führen wir sie an dem Beispiel des Atomismus durch und beachten dabei, daß wir vorläufig, gerade wie bei der Überlegung im Text, auf idealrealistischem Standpunkte stehen. Nennen wir die phänomenalen Wirklichkeitsfaktoren, weil sie uns bei der Konstruktion des physikalischen Weltbildes als etwas Objektives entgegentreten, objektive Faktoren zweiter Ordnung und die ihnen zugehörigen subjektiven, die mit ihnen die Synthese dieses Bildes schaffen, subjektive Faktoren zweiter Ordnung, so stellt das atomistische Bild eine Synthese aus subjektiven und objektiven Faktoren zweiter Ordnung dar. Die im Text genannten allgemeinen Gründe, die bei unserem Beispiel heute durch experimentelle Tatsachen und deren Deutung verstärkt werden, gestatten uns nun, von einer phänomenalen Wirklichkeitstreue des atomistischen Bildes zu reden. Darin liegt also ausgedrückt, daß dieses Bild sicherlich Zügen der phänomenalen Wirklichkeit konform ist, wenn es uns auch unmöglich ist, die subjektiven und objektiven Faktoren zweiter Ordnung darin zu scheiden.

Nun sind aber die objektiven Faktoren zweiter Ordnung selber wieder Synthesen aus subjektiven und objektiven Faktoren erster Ordnung. Dadurch erwächst für das atomistische Bild der Begriff der transzendenten Wirklichkeitstreue. Das soll bedeuten: irgend etwas in dem Bilde korrespondiert mit Verhältnissen des transzendenten Realitätensystems.

Wollte man diese Wirklichkeitstreue des physikalischen Weltbildes als seine Wahrheit betrachten, so stände nach dem Sprachgebrauch und nach der herkömmlichen (realistischen) Auffassung nichts im Wege. Indes besteht daneben noch ein anderes Verhältnis der physikalischen Erkenntnis, auf das der Wahrheitsbegriff angewandt werden muß; dadurch wird die vorhin genannte Anwendung unmöglich. Wir sehen, daß das physikalische Weltbild bestimmte Relationen zwischen Subjekt und Objekt (erster

---

[1]) Über die allgemeinen Grundlagen dieser Unterscheidung vgl. meinen Aufsatz im Archiv für system. Philos. 1910, S. 380 ff. Eine vollständige logische Theorie der beiden Begriffe wird eine spätere Arbeit bringen.

und zweiter Ordnung) darstellt. Wir suchen eben diese bestimmten Relationen im physikalischen Bilde zu fassen oder auszudrücken. Anstatt nun unsere Aufmerksamkeit auf die wirklichkeitstreuen Elemente zu richten, anstatt also zu untersuchen, wie weit die Synthese mit den objektiven Faktoren korrespondiert, können wir unseren geistigen Blick auch auf die Übereinstimmung einstellen, die zwischen dem Bilde, das wir uns von den Relationen zwischen Subjekt und Objekt machen und das in der Synthese des physikalischen Weltbildes repräsentiert ist, und zwischen den tatsächlichen Relationen mehr oder weniger besteht. Besser gesagt: bestehen muß. Wären wir nämlich davon überzeugt, daß diese Übereinstimmung bei einem Bilde nicht bestehe, so müßten wir eben ein anderes Bild suchen. Der Charakter des Erkennens als eines Urteilens oder Bestimmens macht es schlechthin unmöglich, daß von einem Urteilssubjekt bewußt ein Prädikat ausgesagt werde, das ihm nicht zukommt, macht also die Übereinstimmung zur notwendigen Bedingung für jedes gültige Erkennen. Diese Übereinstimmung nennen wir die Wahrheit der physikalischen Erkenntnis.

Prägnant (aber durch diese Kürze leicht mißverständlich) lassen sich die Verhältnisse so fassen: Wirklichkeitstreu nennen wir das Abbilden des Objektes auf das Subjekt; wahr das Abbilden der Relation Subjekt-Objekt auf das Subjekt. In beiden Fällen ist das entstehende Bild auch von der Beschaffenheit des Subjektes abhängig, auf das das Abbilden stattfindet, so daß wir in beiden Fällen den Gesamtkomplex der mitwirkenden Faktoren nicht reinlich auseinanderlegen können.

96. Die Überlegung in (95) ist, wie schon bemerkt, nur zu dem Zwecke angestellt, eine erste Unterscheidung der Begriffe der Wirklichkeitstreue und der Wahrheit deutlich zu machen; sie ist ein Ansatz, der vervollständigt und verallgemeinert werden muß. Indes kann von einer eingehenden Untersuchung der beiden Begriffe an dieser Stelle keine Rede sein, weil sie zu tief in rein logische Probleme hineinführen würde; einige Hinweise müssen genügen.

Zunächst eine terminologische Bemerkung: Das Wort „Abbilden" ist so zu verstehen, daß man A ein Bild von B nennt, wenn A eine gewisse Zuordnung zu B besitzt.

Nun ist schon vorhin angedeutet worden, daß der Ausgangspunkt für unsere Unterscheidung der Begriff der Wahrheit der Erkenntnis ist. Erkenntnis ist wahres oder gültiges Denken; Denken ist Urteilen. Die Wahrheit einer Erkenntnis besteht in der Übereinstimmung zwischen Urteilsinhalt und Urteilsgegenstand; der Urteilsinhalt ist ein Bild des Urteilsgegenstandes. Daß es in diesem Sinne wahre Urteile gibt, ist ein Axiom, das keines Beweises fähig ist und auch keines bedarf, weil jede Behauptung wie jede Leugnung seiner Geltung das Axiom selber voraussetzt. Daraus ergibt sich fürs erste, daß Wahrheit nur im Urteil vorhanden ist, und fürs zweite, daß der Begriff der Wahrheit der Erkenntnis über die Realitätsstufe des Urteilsgegenstandes nichts aussagt, daß er deshalb auch nie über die Existenz oder Nichtexistenz von Elementen einer vom Denken unabhängigen Wirklichkeit entscheiden kann. Wollen wir den Sprachgebrauch des Textes hier beibehalten, so können wir sagen: Der Begriff der Wahrheit der Erkenntnis ist erkenntnistheoretisch neutral.

Sobald nun eine Erkenntnistheorie eine vom Denken unabhängige Wirklichkeit anerkennt — wie z. B. unser Idealrealismus —, kann also nach dem Vorstehenden der Wahrheitsbegriff einen Urteilsinhalt nicht direkt, einen Vorstellungsinhalt überhaupt nicht mit dieser Wirklichkeit verbinden. Hier tritt nun der Begriff der Wirklichkeitstreue als Vermittlungsbegriff ein. Während die Wahrheit immer — wenn auch nicht ausschließlich — logischen Charakter trägt, ist das Kriterium der Wirklichkeitstreue rein biologischer Natur; ein Urteil oder eine Vorstellung besitzen ein Maximum der Wirklichkeitstreue, wenn sie ihre biologische Funktion vollkommen erfüllen.

Wenn diese Gedanken in ihrem Ausbau auch weit über den Kreis einer Logik der Physik hinaus Wert besitzen, so erscheinen sie hier vor allem deshalb bedeutungsvoll, weil sie manche Differenzen zwischen der Erkenntnistheorie der Physiker und der der Philosophen, wie wir sie in (78) und (80) gestreift haben, wegzuschaffen geeignet sind.

III. Heymans' Theorie des Mechanismus.

97. Eine wesentliche physikalische Grundlage für die im zweiten Teile des Textes versuchte Einordnung des Begriffes des absoluten Raumes in eine allgemeine Metaphysik des Raumes bildete das elektromagnetische Weltbild. In (75) ist schon bemerkt worden, daß dieses Weltbild eine höhere Form des mechanischen Weltbildes ist, daß es vor allem mit ihm das Merkmal der Anschaulichkeit teilt. Gerade aus diesem Grunde paßt auch auf das elektromagnetische Weltbild größtenteils eine Charakteristik, die das mechanische Bild von Heymans[1]) erfahren hat und die, wenn sie zuträfe, den Wert des ersteren und der mit seiner Hilfe gewonnenen Resultate stark herabdrücken würde. Gewiß ist die allgemeine Tendenz des mechanischen Weltbildes durch den Umstand sichergestellt, daß die Erklärung der Gesetze physikalisch lediglich ihre Zurückführung auf wenige allgemeine Gesetze, also eine Reduktion ihrer Anzahl bedeuten kann. Die Wahl solcher Fundamentalgesetze wird von der Gesamtheit der physikalischen Theorien und der in diesen waltenden logischen Prinzipien abhängig sein müssen. Dadurch allein ist schon die von Heymans gegebene psychologische Begründung der speziellen Tendenz des mechanischen Weltbildes als eine zwar geistreiche, aber den Kern des Problems gar nicht berührende Auffassung nachgewiesen. Immerhin ist seine Charakteristik so originell und bestechend, daß sie eine Untersuchung von ihrem eigenen Standpunkte aus verdient.

98. Wir lassen zunächst Heymans selber sprechen.

„Es wurde nachgewiesen, daß die elementaren Merkmale, welche in den geometrisch-mechanischen Grundbegriffen vorkommen, sämtlich der Erfahrung von der Erzeugung und vom Gehemmtwerden der Bewegungsempfindungen entnommen sind; wir können also kurz sagen, daß die mechanische Naturauffassung, welche ausschließlich jene Begriffe verwendet, darauf ausgeht, das Weltbild für den Bewegungssinn zu konstruieren[2]). Während sich die äußeren Gegenstände mehrfach und verschieden, nämlich durch die verschiedenen Sinnesorgane, in unser Bewußtsein projizieren, beschäftigt sich die mechanische Naturauffassung ausschließlich mit einer solchen Projektion, nämlich mit derjenigen durch den

---

[1]) Heymans, Einführung in die Metaphysik, S. 174 ff.; in der während der Korrektur erschienenen zweiten Auflage hat Heymans seine Ausführungen unverändert gelassen.
[2]) Heymans, a. a. O., S. 174 f.

Bewegungssinn, und verwendet die anderen höchstens heuristisch, um durch sie zur besseren Erkenntnis jener zu gelangen. Zu jedem gegebenen Komplex von Empfindungen beliebiger Sinne versucht sie die zugehörigen bewegunghemmenden Wirkungen auf direktem oder indirektem Wege festzustellen; und überall, wo im naturwissenschaftlichen Weltbilde Lücken vorliegen, versucht sie dieselben durch Vorstellungen oder Begriffe, welche wieder ausschließlich auf Bewegungshemmungen sich beziehen, auszufüllen. Ihr ganzes Bestreben ist also darauf gerichtet, ein Weltbild zusammenzustellen, in welchem sämtliche Bestandteile der Wirklichkeit durch ihre möglichen Wirkungen auf den Bewegungssinn, und nur durch diese, vertreten sind. Und es versteht sich, daß auch in den für dieses Weltbild geltenden (nämlich den mechanischen) Gesetzen nicht unmittelbar ursächliche Verhältnisse in der wirklichen Welt, sondern bloß die regelmäßigen Verbindungen von Wahrnehmungen des Bewegungssinnes, als welche jene unter geeigneten Umständen sich ins Bewußtsein projektieren, zum Ausdruck gelangen. — Durch diese Erörterung ist nun, wie mir scheint, die (früher) geforderte Einordnung des mechanischen Weltbildes in eine umfassendere metaphysische Theorie wenigstens im Prinzip ermöglicht. Das mechanische Weltbild läßt uns nicht die Welt selbst, sondern nur die Erscheinung dieser Welt durch Vermittlung eines besonderen Sinnes erkennen; es ersetzt jeden wirklichen Gegenstand durch die entsprechende geometrisch-mechanische Erscheinung, und die Kausalität jener Gegenstände durch die Gesetzmäßigkeit, welche sie in diesen Erscheinungen bedingt. Daraus erklärt sich aber sowohl die Universalität wie die Unzulänglichkeit des mechanischen Weltbildes, insofern nämlich in diesem Weltbilde einerseits alles Existierende vertreten, andererseits alles Existierende eben nur durch bestimmte Wirkungen im Bewußtsein vertreten, nicht aber in seinem eigenen Wesen erkannt wird."

„Nach alledem ist die Gepflogenheit der Naturforscher, von den verschiedenen Sinnen, durch deren Vermittlung sich die Wirklichkeit in unser Bewußtsein projektiert, eben den Bewegungssinn mit der Gesamtvertretung dieser Wirklichkeit für das wissenschaftliche Denken zu belasten, zwar aus früher erörterten Umständen psychologisch und historisch begreiflich, jedoch durchaus nicht logisch gefordert oder allein berechtigt. Vielmehr hätte prinzipiell ebensowohl versucht werden können, statt des mechanischen Weltbildes ein solches für einen anderen Sinn, etwa für den Gehörs- oder Tastsinn, aufzubauen; und was auf diesem Wege zu erreichen wäre, würde an Erkenntniswert in keiner Weise bei dem mechanischen Weltbilde zurückstehen. Auch läßt sich nicht mit guten Gründen behaupten, daß ein solcher Versuch notwendig aussichtslos gewesen wäre. Halten wir uns nämlich an die gegebenen Tatsachen, so finden wir für die Wahrnehmungen des Bewegungssinnes genau das gleiche wie für die Wahrnehmungen anderer Sinne: daß sie nämlich, für sich genommen, selbst unter den denkbar günstigsten Umständen nur unvollständig und stückweise die außerbewußte Welt vertreten würden. So wie es zahlreiche Faktoren im außerbewußten Geschehen gibt, welche in keiner Weise den Gehörs- oder den Tastsinn affizieren, so gibt es zahlreiche andere, von denen wir niemals bewegunghemmende Wirkungen erfahren: so machen sich etwa die außerbewußten Dinge oder Prozesse, welche wir mit den Namen Ammoniak, Nordlicht, Wärme bezeichnen, in direkter Weise (also von ihrem Wirken auf andere außerbewußte Gegenstände, sowie von hinzugedachten hypothetischen Vorstellungen abgesehen) nur dem Geruchs-, Gesichts- bzw. Temperatursinn, nicht aber dem Bewegungssinn bemerklich. Gegeben ist uns also für jeden Sinn eine vielfach durchlöcherte Reihe nicht nur von tatsächlichen, sondern auch von überhaupt möglichen (bei durchgehender idealer Adaption des betreffenden Sinnesorganes zu hebenden) Wahrnehmungen; die Naturwissenschaft läßt alle diese Reihen bis auf eine in ihrem durchlöcherten Zustande und arbeitet fortwährend daran, diese eine Reihe, diejenige der Wahrnehmungen des Bewegungssinnes, zu einem lückenlosen Ganzen zu vervollständigen. Es gibt nun keinen einzigen Grund, anzunehmen, daß eine solche Vervollständigung ausschließlich bei dieser und nicht in gleichem Maße bei den anderen oder bei einigen von den anderen Reihen möglich wäre, oder wenigstens, wenn es hier größere Schwierigkeiten wie dort geben sollte, so ist der Unterschied, sofern wir nach den vorliegenden Daten urteilen können, nur gradueller, nicht aber prinzipieller Natur [1])."

---

[1]) Heymans, a. a. O., S. 176 ff.

Heymans führt nun noch ein „akustisches Weltbild" im einzelnen aus, meint aber schließlich doch, „daß das Maß der Relativität, welche der von ihr (der mechanischen Naturauffassung) gebotenen Erkenntnis anhaftet, geringer ist als dasjenige, welches wir bei aller sonstigen sinnlichen Erkenntnis vorauszusetzen haben. Oder mit anderen Worten: **In dem Weltbilde der mechanischen Naturauffassung scheint uns die höchste mit den Mitteln der Naturwissenschaft erreichbare Annäherung an die Erkenntnis einer tiefer liegenden, den Forderungen des Denkens vollständig entsprechenden Wirklichkeit gegeben zu sein**[1]."

Es läßt sich ohne Schwierigkeit erkennen, daß die im vorstehenden wiedergegebene Auffassung von Heymans — von allem anderen abgesehen — **nur unter der Voraussetzung richtig ist, daß es einen Bewegungssinn gibt, dessen Funktionen den Funktionen der anderen Sinne koordiniert sind.**

Um diese Voraussetzung besprechen zu können, müssen wir uns zuvor darüber klar sein, was Heymans unter „Bewegungssinn" versteht. Wir lassen seine Anschauung wieder mit seinen eigenen Worten folgen. „In den Daten der übrigen Sinne ist ursprünglich nichts Räumliches enthalten[2]." „Jeder einzelnen Gesichts- bzw. Tastempfindung haftet vielmehr eine bestimmte, nicht ursprünglich räumliche, sondern bloß qualitative Nuance an, welche mit dem Orte der Reizung sich verschiebt; durch lange Erfahrung bildet sich zwischen der Vorstellung dieser Nuance und derjenigen des Ortes, wo ein Gegenstand sich befinden muß, um die Wahrnehmung derselben zustande zu bringen, eine unverbrüchliche Assoziation; wodurch dann jene qualitative Nuance zum »Lokalzeichen« wird, welches man im weiteren Verlaufe des Lebens unbedenklich, und ohne sich seine eigentliche Natur mehr zum Bewußtsein zu führen, zur Ortsbestimmung verwendet[3]." Es müssen also solche intensive oder qualitative Nuancen als Zeichen für räumliche Verhältnisse gedeutet werden, und diese räumliche Deutung der Ergebnisse der übrigen Sinne ist die Funktion des „Bewegungssinnes", „mittels dessen wir uns der eigenen willkürlichen Bewegungen unmittelbar bewußt werden...;

---

[1] Heymans, a. a. O., S. 182.
[2] Heymans, a. a. O., S. 167.
[3] Heymans, a. a. O., S. 164.

und in der Tat weisen Psychologie und Erkenntnistheorie auf diesen als den eigentlichen »Raumsinn« hin¹)". Heymans muß also notwendig sich zur extremen empiristischen Theorie der Gesichts- und anderen Wahrnehmungen bekennen, was er auch ausdrücklich tut²).

99. Es sei nun zunächst allgemein bemerkt, daß die Psychologie heute über die extremen Standpunkte des Empirismus und Nativismus fortgeschritten ist. Psychologie und Physiologie sind zu einer Synthese der empiristischen und der nativistischen Theorie gedrängt worden, wonach jede (in Betracht kommende) Empfindung ursprünglich ein räumliches Moment besitzt, das seine Ausbildung und Differenzierung von der Erfahrung erhält, und nur eine derartige Synthese kann der Mannigfaltigkeit der vorliegenden Versuche und Beobachtungen gerecht werden. Heymans' Beurteilung des Erkenntniswertes der mechanischen Naturauffassung beruht also auf einer Hypothese, die er in der extremsten Form durchführen muß, wenn er seine Überlegungen durch sie stützen will, die aber gerade in dieser extremen Fassung durch zahlreiche Versuchs- und Erfahrungsdaten widerlegt erscheint.

100. Um die Heymanssche Charakteristik bei ihrer Wurzel zu fassen, müssen wir bei dem Begriffe des „Bewegungssinnes" ansetzen. Sinn im allgemeinen ist offenbar, solange wir empirisch vorgehen, nichts anderes als ein Hilfsbegriff zur Klassifikation der Empfindungen, indem man die **qualitativ gleichen, einfachen** Empfindungen je **einem** bestimmten Sinne zuordnet; mit diesem Begriffe hat die Physiologie bisher als dem einzig brauchbaren gearbeitet. Nimmt man nun diese Bestimmung zusammen mit der oben angeführten Äußerung Heymans', der Bewegungssinn sei derjenige Sinn, mittels dessen wir uns der eigenen willkürlichen Bewegungen unmittelbar bewußt werden, so sieht man, daß sich die Empfindungen, die nach Heymans Funktionen des Bewegungssinnes sind, in vier Klassen ordnen lassen: 1. Empfindungen der Entfernung, Richtung, Größe und Bewegung von Gegenständen; 2. Empfindungen der Lage und Bewegung des eigenen Körpers als Ganzen; 3. Empfindungen der Lage und Bewegung der einzelnen Körperteile; 4. Widerstands-

---

¹) Heymans, a. a. O., S. 165 f.
²) Heymans, a. a. O., S. 164.

empfindungen. Daß die letzteren für Heymans auch hierher, gehören, beweist die Anführung des Goldscheiderschen Versuches als Täuschung beim „Bewegungssinn"[1]).

Alle diese Empfindungen sind jedoch **nicht qualitativ einheitlich**, trotzdem Heymans dies behauptet[2]), wobei er aber offenbar nur die Empfindungen der ersten Klasse vor Augen hatte. Ich will hier absehen von den noch nicht ausgetragenen Streitigkeiten der Psychologen, ob qualitative Verschiedenheiten z. B. in der vierten Klasse bestehen. Aber ohne jeden Zweifel ist beispielsweise die Empfindung der Größe oder Gestalt eines Gegenstandes der Empfindung eines Widerstandes qualitativ nicht vergleichbar; ferner nicht die Widerstandsempfindung der Empfindung der Drehbeschleunigung. Heymans hat also qualitativ nicht vergleichbare Empfindungen demselben Sinnesgebiete zugeordnet, was mindestens methodisch durchaus unstatthaft ist und zeigt, daß sein „Bewegungssinn" kein den anderen Sinnen koordinierter Sinn ist. Die Mehrzahl der Physiologen hat diese Verhältnisse im allgemeinen längst erkannt. Jedenfalls gehört die Widerstandsempfindung zu den Muskelempfindungen, die Empfindung der Drehbeschleunigung ist vom Labyrinth vermittelt u. a. m., wenn sich auch die Bereiche nicht reinlich trennen lassen und über die Entstehung und Vermittlung der Empfindungen im einzelnen noch keine volle Klarheit herrscht; andere der genannten werden durch Zusammenarbeiten verschiedener Organe zustande kommen. Wie will man nun, um einmal einen Augenblick auf dem Heymansschen Wege zu bleiben, das Sinnesgebiet des Labyrinthes oder den Muskelsinn mit Bezug auf die Auffassungen der Natur in die Reihe des Gesichtssinnes, Gehörssinnes usw. einordnen? Der „Bewegungssinn" von Heymans zerfällt also, soweit er überhaupt physiologisch als Sinn ausgesprochen werden kann, nach den Resultaten der Physiologie in mehrere, physiologisch noch nicht klar begrenzte Sinnesgebiete, deren Funktionen die in den drei letzten Klassen aufgezählten Empfindungen sind. Die Empfindungen der ersten Klasse können wegen ihrer qualitativen Ungleichheit keinem der Sinne zugeordnet werden, die durch die Empfindungen der anderen

---

[1]) Heymans, a. a. O., S. 174.
[2]) Heymans, a. a. O., S. 172 f.

definiert sind. Es könnte nun scheinen, als ob Heymans etwas erreichen würde, wenn er für die Empfindungen der ersten Klasse einen eigenen Sinn konstruierte. Zunächst kennt jedoch die Psychologie bisher nichts von einem solchen. Schon die einfache Selbstbeobachtung lehrt, daß das, was Heymans für einfache Empfindungen ansieht, z. B. die Empfindung der Bewegung eines Körpers, durchaus keine elementaren Empfindungen sind wie z. B. die Druckempfindungen, keine Empfindungen neben den elementaren, sondern integrierende Momente der Gesichts-, Tast- usw. Empfindungen. Heymans verwechselt das Nichtvorhandensein mit dem Unvollkommenvorhandensein; es würde ihm übrigens auch schwer fallen, ein Organ jenes Sinnes zu finden. Selbst wenn wir aber das angedeutete Problem als eine Frage ansehen, die noch vollständig zur Diskussion gestellt ist, ja wenn wir uns sogar im Heymansschen Sinne entscheiden, dann bleibt immer noch als durchschlagender Grund bestehen, daß Heymans einen Sinn, dessen Funktionen die Empfindungen der ersten Klasse sind, für seinen Zweck nicht gebrauchen kann, weil neben ihm noch andere Sinne bestehen, deren Empfindungen räumlich nuanciert sind.

Daß Heymans übrigens nativistische Spuren zeigt, ist schon früher (64) bemerkt worden und ergibt sich aus mehreren der zitierten Stellen. Wenn er z. B. von der Vorstellung des Ortes spricht, mit der sich die Vorstellung der nicht ursprünglich räumlichen, sondern bloß qualitativen Nuance assoziieren soll, so kann man fragen, ob nicht in dieser Vorstellung des Ortes schon das ganze Problem liegt, das er mit ihrer und der Nuance Hilfe lösen zu können meinte.

Fassen wir die Hauptpunkte dieser Kritik kurz zusammen: Heymans' „Bewegungssinn" birgt in der Form, wie er ihn aufstellt, eine physiologische Unrichtigkeit in sich, weil in ihm qualitativ nicht gleiche Empfindungen zusammengefaßt sind; in der Form, wie er ihn auf Grund der extremsten empiristischen Theorie aufstellen könnte, ist er für seinen Zweck nicht brauchbar.

Damit ist denn auch seiner Charakteristik der speziellen Tendenz des mechanischen Weltbildes der Boden entzogen.

Verzeichnis der zitierten Literatur.

Abraham, Elektromagn. Theorie der Strahlung. 2. Aufl. Leipzig 1908.
Abraham-Langevin, Les Quantités élémentaires d'Electricité. 2 vol., Paris 1905.
Aristoteles, Metaphysik.
Auerbach, In Winkelmanns Handbuch der Physik. 2. Aufl., Bd. I, 1.
Becher, Philos. Voraussetzungen der exakten Naturw. Leipzig 1907.
Berg, O., Das Relativitätsprinzip der Elektrodynamik. Göttingen 1910.
Bergson, Materie und Gedächtnis. Jena 1908.
Brill, Vorl. zur Einf. in die Mech. raumerfüllender Massen. Leipzig und Berlin 1909.
Bucherer, Ann. d. Phys. (4) 11, 282, 1903. — Phys. Zeitschr. 9, 755, 1908. — Verh. d. D. phys. Ges. 10, 688, 1908. — Ann. d. Phys. (4) 28, 513, 1909.
Budde, Allg. Mechanik. 2 Bde. Berlin 1890.
Cassirer, Substanzbegriff und Funktionsbegriff. Berlin 1910.
Cohn, E., Ann. d. Phys. (4) 7, 29, 1902.
Cohn, J., Voraussetzungen und Ziele des Erkennens. Leipzig 1908.
Driesch, Philos. des Organischen. 2 Bde. Leipzig 1909.
Drude, Physik des Äthers. Stuttgart 1894. — In Winkelmanns Handbuch der Physik. 2. Aufl., Bd. VI, 1364. — Lehrbuch der Optik. 2. Aufl. Leipzig 1906.
Duhem, L'évolution de la mécanique. Paris 1903. — Ziel und Struktur der phys. Theorie. Leipzig 1908. — Rev. de phil. 1907—1909. Separat Montligeon 1909.
Einstein, Ann. d. Phys. (4) 17, 891, 1905; (4) 18, 639, 1905; (4) 20, 627, 1906; (4) 23, 206, 1907. — Jahrb. d. Radioakt. u. Elektr. 4, 411, 1907. — Verh. d. D. phys. Ges. 11, 482, 1909.
Erdmann, Reflexionen Kants zur kritischen Philosophie. II. Bd. Leipzig 1884.
Erhardt, Metaphysik, I. Bd. Leipzig 1894.
Föppl, Sitzungsber. d. Bayer. Ak., Math.-phys. Kl., 34, 385, 1904.
Frege, Zeitschr. f. Phil. u. phil. Kr. 98, 1891.
Gray, Lehrb. d. Physik, I. Bd. Braunschweig 1904.
McGregor, Phil. Mag. 1893. 5. s., 36. v.
Hamel, Jahresber. d. deutschen Math.-Ver. 18, 357, 1909.
v. Hartmann, Kategorienlehre. Leipzig 1896.
Hasenöhrl, Jahrb. der Radioaktivität u. Elektronik 6, 485, 1910.

Heymans, Ges. u. Elem. des wissensch. Denkens. 2. Aufl. Leipzig 1905.
— Einf. in die Metaphysik. Leipzig 1905 (2. Aufl. 1911).
Höfler, Stud. zur gegenw. Philos. d. Mechanik. Leipzig 1900.
Hupka, Verh. d. D. phys. Ges. 11, 249, 1909. — Ann. d. Phys. (4) 31, 169, 1910.
Kant, Allg. Naturg. d. Himmels. Ausg. Kehrbach. — Kritik d. r. V. Ausg. Erdm. — S. W. Ausg. Hart. Bd. VI. — Metaphys. Anfangsgründe der Naturw. Ausg. Höfler.
Kaufmann, Sitzungsber. Berlin 1905, 949. — Ann. d. Phys. (4) 19, 487, 1906.
Killing, Crelles Journ. 98, 1, 1885.
Kleinpeter, Erkenntnistheorie der Naturforschung der Gegenwart. Leipzig 1905.
Kobold, Bau des Fixsternsystems. Braunschweig 1906.
Landolt, Abh. d. Deutsch. Bunsen-Ges., Heft 1. Halle 1909.
Lange, L., Wundts Phil. Stud. 2, 1885. — Ber. der sächs. Ges. d. W., Math.-phys. Kl. Leipzig 1885. — Die gesch. Entwickelung des Bewegungsbegriffes. Leipzig 1886. — Wundts Phil. Stud. 20, 1902, 2. Teil.
Lipps, Th., Naturphilosophie. Kuno Fischer-Festschr., 2. Aufl. Heidelberg 1907.
Locke, Vers. über den menschl. Verst. Übers. Kirchm.
Lodge, Elektronen. Leipzig 1907.
Lorentz, Enzyklopädie d. m. W., V_2, 63 u. 145. — Phys. Zeitschr. 2, 78, 1901. — Vers. einer Theorie d. elektr. u. opt. Ersch., 2 Abdr. Leipzig 1906. — Abhandl. üb. theor. Phys., I. Bd. Leipzig 1907. — Phys. Zeitschr. 11, 349, 1910.
Lüroth, Sitzungsber. d. Bayer. Ak., Math.-phys. Kl., 1909, 7. Abh.
Mach, Mechanik. 5. Aufl. Leipzig 1904 (6. Aufl. 1908). — Prinzipien der Wärmelehre. 2. Aufl. Leipzig 1901. — Erkenntnis u. Irrtum. Leipzig 1905.
Maxwell, Substanz u. Bewegung. Braunschweig 1881.
Meinong, Hume-Studien. Wiener Ber., Phil.-hist. Kl., 101, 1882.
Meyerson, Identité et réalité. Paris 1908.
Minkowski, Gött. Nachr., Math.-phys. Kl., 1908, 53. — Raum und Zeit. Leipzig 1909. — Math. Ann. 68, 472, 1910. — Math. Ann. 68, 526, 1910.
Mongré, Das Chaos in kosmischer Auslese. Leipzig 1898.
Mott-Smith, Metageometrische Raumtheorien. Halle 1907.
Müller, Aloys, Revue de philos. 1910. — Archiv für system. Phil. 1910.
Natorp, Die logischen Grundlagen der Naturwissenschaften. Leipzig 1910.
Naturw. Wochenschr. 8, 132, 1909.
Neisser, Ptolemäus oder Kopernikus? Leipzig 1907.
Nelson, Ist metaphysikfreie Naturwissenschaft möglich? Göttingen 1908.

Neumann, C., Über die Prinzipien der Galilei-Newtonschen Theorie. Leipzig 1870. — Boltzmann-Festschr. Leipzig 1904. — Ber. Math.-phys. Kl. Leipzig 62, 69, 1910.
Newcomb-Engelmann, Pop. Astronomie. 3. Aufl. Leipzig 1905 (4. Aufl. 1910).
Newton, Math. Prinz. der Naturlehre. Übers. Wolfers. Berlin 1872.
Nys, La nature de l'espace. Bruxelles 1907.
Ostwald, Vorl. über Naturphil. 3. Aufl. Leipzig 1905.
Petzold, Ann. der Naturphil., 7. Bd., S. 29. — Vierteljahrsschrift für wissensch. Phil. 1895.
Planck, Sitzungsber. Berlin 1907, 542. — Einheit des phys. Weltbildes. Leipzig 1909. — Ann. d. Phys. (4) 31, 758, 1910. — Ber. d. Deutsch. Phys. Ges. 13, 138, 1911.
Poincaré, Arch. néerl. (2) 5, 252, 1900. — Wert der Wissenschaft. Leipzig 1906. — Wissenschaft und Hypothese. 2. Aufl. Leipzig 1906.
Reicke, Lose Blätter aus Kants Nachlaß. 1. Heft, Königsberg 1889.
Rey, Theorie der Physik. Leipzig 1908.
Riehl, Der philosophische Kritizismus. I. Bd., 2. Aufl. Leipzig 1908.
Ritz, Ann. chim. phys. 13, 1908.
Russell, Essai sur les fondem. de la géométrie. Trad. Cadenat. Paris 1901.
Seeliger, Abh. d. Bayer. Ak., II. Cl., XIX. — Sitzungsber. d. Bayer. Ak., Math.-phys. Kl., 36, 85, 1906.
Sommerfeld, Phys. Zeitschr. 10, 969, 1909.
Stallo, Begriffe und Theorien der mod. Phys. Leipzig 1901 (2. Aufl. 1911).
Stern, P., Problem der Gegebenheit. Berlin 1903.
Streintz, Phys. Grundlagen der Mechanik. Leipzig 1883.
Thomson, J. J., Elektrizitätsdurchgang in Gasen. Leipzig 1906. — Phys. Zeitschr. 9, 550, 1908.
Thomson-Tait, Handb. der theor. Phys., I. Bd. Braunschweig 1871.
Überweg, System der Logik. 5. Aufl. Bonn 1882.
Volkelt, Erfahrung und Denken. Hamburg 1886.
Voss, Enzyklopädie d. m. W., IV$_1$, 1.
Wallace, A. R., Des Menschen Stellung im Weltall. Berlin.
Weber-Wellstein, Enzyklopädie der Elementar-Mathematik. II. Bd., 2. Aufl. Leipzig 1907.
Wien, W., Beil. z. d. Ann. 65, 1898. — Arch. néerl. (2) 5, 96, 1900. — Ber. d. Phys.-med. Ges. Würzburg 1909.
Wind, Arch. néerl. (2) 5, 608, 1900.
Wolz, Ann. d. Phys. (4) 30, 273, 1909.
Zeller, Vortr. u. Abh., III. Bd. Leipzig 1884.
Zenneck, Enzyklopädie d. m. W., V$_1$, 25.

Verlag von Friedr. Vieweg & Sohn in Braunschweig.

Die Integralgleichungen

und ihre Anwendungen in der mathematischen Physik.

Vorlesungen an der Universität Breslau gehalten
von
Adolf Kneser.

1911. VIII, 243 S. gr. 8°. Geheftet ℳ 6,—, gebunden ℳ 7,—.

Die partiellen

Differential-Gleichungen

der mathematischen Physik.

Nach Riemann's Vorlesungen in 5. Auflage bearbeitet
von
Heinrich Weber
Professor der Mathematik an der Universität Straßburg.

Erster Band.

Mit 81 eingedruckten Abbildungen.

1910. XVIII, 528 S. gr. 8°. Geb. ℳ 12,—, in Hlbfrzbd. ℳ 13,60.

Der II. Band wird im Sommer 1911 in 5. Auflage erscheinen.

Verlag von Friedr. Vieweg & Sohn in Braunschweig.

Bernstein, Prof. Dr. Julius, **Die Kräfte der Bewegung** in der lebenden Substanz. 28 S. gr. 8°. 1902. ℳ —,80.

Biermann, Prof. Dr. Otto, **Vorlesungen über mathematische Näherungsmethoden.** Mit 35 Abbildungen. X, 227 S. gr. 8°. 1905. ℳ 8,—, in Lnwdbd. ℳ 8,80.

Chwolson, Prof. O. D., **Hegel, Haeckel, Kossuth** und das zwölfte Gebot. Eine kritische Studie. 2. Auflage. V, 90 S. gr. 8°. 1908. ℳ 1,60.

—— **Zwei Fragen an die Mitglieder des Deutschen Monistenbundes.** VII, 31 S. 8°. 1908. ℳ —,75.

Dedekind, Prof. Richard, **Stetigkeit und irrationale Zahlen.** 3. unveränderte Auflage. 4 Bl., 24 S. gr. 8°. 1905. ℳ 1,—.

Dirichlet, G. Lejeune-, **Vorlesungen über die Lehre von den einfachen und mehrfachen bestimmten Integralen.** Herausgegeben von G. Arendt. Mit Abbild. XXIII, 476 S. gr. 8°. 1904. ℳ 12,—, in Lnwdbd. ℳ 13,—.

—— **Vorlesungen über Zahlentheorie.** Herausgegeben und mit Zusätzen versehen von Prof. R. Dedekind. 5. umgearbeitete und vermehrte Auflage. *In Vorbereitung.*

Fricke, Prof. Dr. Robert, **Hauptsätze der Differential- und Integralrechnung** als Leitfaden zum Gebrauche bei Vorlesungen zusammengestellt. 5. Auflage. Mit 74 Figuren. XV, 219 S. gr. 8°. 1909. ℳ 5,—, in Lnwdbd. ℳ 5,80.

Helmholtz, Hermann v., **Vorträge und Reden.** 5. Auflage. Mit dem Bildnis des Verfassers und zahlreichen Holzstichen. Zwei Bände. XVI, 422 S. u. XII, 434 S. gr. 8°. 1903. Jeder Band ℳ 8,—, in Hlbfrzbd. ℳ 9,50.

Huntington, Edward V., **Über die Grund-Operationen an absoluten und komplexen Größen** in geometrischer Behandlung. XVII, 63 S. gr. 8°. 1901. ℳ 1,50.

Kneser, Prof. Adolf, **Lehrbuch der Variationsrechnung.** Mit 24 Abbild. XV, 313 S. gr. 8°. 1900. ℳ 8,—, in Lnwdbd. ℳ 9,—.

Koenigsberger, Leo, **Hermann von Helmholtz.** Drei Bände. Mit 9 Bildnissen und 1 Faksimile. XII, 375; XIV, 383 u. IX, 142 S. gr. 8°. 1902/03. ℳ 20,—.
In 3 Leinenbänden ℳ 25,—, in 3 Halbfranzbänden ℳ 31,—.

CPSIA information can be obtained
at www.ICGtesting.com
Printed in the USA
LVOW03s2307121115

462368LV00006B/65/P